旅游出行方式研究
——消费行为视角

THE STUDY IN THE TOURISM TRIP MODE
—PERSPECTIVE THROUGH
CONSUMER BEHAVIOR

李 享　邢雪艳　吴泰岳　时少华　著

旅游教育出版社
·北 京·

责任编辑：孙延旭

图书在版编目(CIP)数据

旅游出行方式研究：消费行为视角/李享等著. —北京：旅游教育出版社，2011.11

ISBN 978-7-5637-2245-7

Ⅰ.①旅… Ⅱ.①李… Ⅲ.①旅游消费—消费方式—研究—中国 Ⅳ.①F590.8②F592

中国版本图书馆 CIP 数据核字(2011)第 216564 号

旅游出行方式研究——消费行为视角

李 享　邢雪艳　吴泰岳　时少华　著

出版单位	旅游教育出版社
地　　址	北京市朝阳区定福庄南里1号
邮　　编	100024
发行电话	(010)65778403　65728372　65767462(传真)
本社网址	www.tepcb.com
E - mail	tepfx@163.com
印刷单位	北京中科印刷有限公司
经销单位	新华书店
开　　本	787×960　1/16
印　　张	14
字　　数	143 千字
版　　次	2011年11月第1版
印　　次	2011年11月第1次印刷
定　　价	35.00元

(图书如有装订差错请与发行部联系)

《旅游出行方式研究——消费行为视角》项目研究得到北京市教委课题"北京居民短途旅游出行方式特征及其衍生服务需求研究"(SM201011417007)、北京旅游发展研究基地课题"现行休假制度下北京城市居民短途旅游对扩大内需的拉动作用研究"(RCBTD0906)、北京学研究基地重点课题"北京居民旅游出行方式特征及其变化趋势研究"(BJXJD - KT2009 - ZD07)、2011人才强教北京联合大学"学术创新团队建设计划"项目的资助。

本书出版获2010年旅游管理重点建设学科之学科与研究生教育专项经费资助。

内容提要

　　旅游出行，即是旅游的开始，也是旅游活动的过程。伴随自主化、个性化、多元化旅游出行方式的不断丰富，作为旅游六大要素之一，"行"的需求越来越大，"行"的体验对旅游者来讲变得越来越重要，对"行"的服务要求则越来越高，因而凸显这一主题研究的必要性和重要性。本书以消费行为视角，通过定性、定量研究的各种相关方法，着重于旅游者的出行行为研究，描述旅游者在各种旅游出行方式中的出行状态、习惯、偏好、需求等行为特征，进而探究其影响因素。在行为科学、统计学、经济学、管理学的理论基础上，建构旅游出行方式研究的基本框架。具体包括以消费行为视角研究旅游出行方式、国外旅游出行方式研究、短途旅游出行方式研究、自主旅游出行方式研究、公共交通旅游出行方式研究、不同群体旅游出行方式行为特征研究。本书有助于相关领域学者的学术研究工作，更能满足广大旅游交通、景区等企业经营管理者了解旅游者的出行行为方式、偏好、需求特征的需要。

多余的话
（代序）

我院几位青年教师在完成了北京旅游发展研究基地等三个研究机构委托的三个课题基础上，合著了《旅游出行方式研究——消费行为视角》一书，可喜可贺。在著作即将付梓之际，嘱我写序，盛情难却，但因我对此课题疏于研究，没有多少发言权，只能就此借题发挥，谈点感悟，权且作序言。

一般认为，旅行的历史要早于旅游，旅行的英文是 travel，来源于古法语词 travallier，这个词的词根（travail）的意思是"辛苦的劳作"，反映出中世纪旅行的艰辛；另一种观点认为，17 世纪英国出现了"大游学"（The Grand Tour），其中 tour 一词是从古法语 tourner 转化而来，而旅行者（traveller）的新名词是出现在 1800 年。有关旅行者的第一个定义出现在 1876 年的《世纪大百科词典》19 卷中，旅行者被定义为出于好奇和无聊而旅行的人。

在我国，"旅"字在东汉经学家、文字学家许慎（约公元 58~147 年）的《说文解字》里的解释是"出行的，在外做客的"，而"游"字的释义是"交往，来往；从容地行走"。唐代的史学家孔颖达（公元 574~648 年）在其《周易正义》写道："旅者，客居之名，羁旅之称；失其本居，而寄他方，谓之为旅"。清代文字训诂学家、经学家段玉裁（1735~1815 年）在《说文解字注》提到："又凡言羁旅，义取乎庐；庐，寄也"。

旅居、旅客、旅行、旅途、旅程、旅舍、旅食、旅思、寄旅、商旅等，皆从"旅"而来。"游"者，有游玩、交游、逍遥、游历、行走等意思。在《诗经》等古籍经典中屡有体现,游人、游学、游艺、游方、游宴、游宦、游说、游猎、游观、云游、邀游等,都由"游"字化衍而出。此外,还有一个类似的"巡"字,实际意义与"游"类似,只是具有浓厚的官方色彩,如巡使、巡猎、巡抚、巡幸、巡视等,几乎全被官家所独占。

我国自古以农业立国,重农抑商,倡导耕读文明。贸易旅行远不如地中海沿岸国家发达,自汉代以降,历代帝王废黜百家,独尊儒术。子曰:"父母在,不远游,游必有方"(《论语·里仁》),显然,孔圣人是不赞成民众以消遣娱乐目的而外出旅行的,"游必有方"(即出游必须有理由)。而类似"游手(好闲)"([南朝]范晔《后汉书·章帝纪·元和三年诏》)、"玩物丧志"(《尚书·周书 旅獒第七》)、"游山玩水"([宋]释道原《景德传灯录》卷十九)等与"旅游"、"游玩"相关的名词都是带有贬义的。恐怕只有帝王巡视、信众进香、进京赶考、奉旨赴任等才算是正当的理由。真正能游山玩水,寄情于山水的只有那些魏晋名士、诗人墨客、失意文人等"精神贵族"。我国古代崇尚的是"学而优则仕",一生为功名奔波,光宗耀祖。古代不少名人游记不是在晋级赴任,就是在谪贬边陲的途中写成的,大都是借景抒情,或踌躇满志,或怀才不遇,旅途即仕途。事实上,在历代正史中,很少见到有普通平民为消遣而外出旅行或旅游的记载。

中国古代社会在黎民百姓中没有形成同时期欧洲国家的旅行风气,在富家子弟中也没有流行类似于欧洲"大游学"的时尚,这是中西方地理环境和传统文化差异所致。

但在全球化的今天,出行成为居民生活的一部分。中国三大黄金周假期,几亿人次的空间流动蔚为壮观,成为全球关注的一大社会现象。而就个人而言,出行已经成为一种不可逆转的消费时尚。人们欣快地行走在大地上,形成各种独特的文化现象和文化景观。

杰克·凯鲁亚克(Jack Kerouac)的《在路上》(*On the Road*)记载了美国嬉皮士(Hipster)"行走"的生活方式和生存态度,成为"垮掉的一代"

(The Beat Generation)的宣言书。

从《雨季不再来》的三毛,到游遍名山、三上黄山的张大千,都将"行走"作为一种自己的人生追求和生活目标。就连我们熟悉的日本著名管理学家、经济评论家大前研一(Kenichi Ohmae)也曾在青年时代在日本交通公社(JTB)担任过6年的领队和导游,游遍了世界各国。在他的著作《旅行与人生的奥义》(旅の極意、人生の極意)中就说过,如果没有这段当领队和导游的职业经历,就不可能取得今天的成就。他所秉持的独到的旅行哲学和域外丰富的人生阅历,正是他打开日后事业成功大门的钥匙。

行者无疆,眼界决定境界。其实,适用于自然人的,也同样适用于法人。一所大学作为一个独立的法人,其法人代表培育的集体意识、价值观和团队文化决定了这个组织的"行走"轨迹。

北京联合大学旅游学院是一所成立于1978年的年轻院校,与我国当代旅游业的发展同龄、同步,在北京联合大学副校长(兼旅游学院院长)黄先开教授远见卓识的领导下,广揽贤才,创下了一年引进17个博士的全国之冠记录,成就了今日北京联合大学旅游学院的蓬勃气象。这些青年才俊刚出校门,初出茅庐,踌躇满志,他们面前的学术之路与人生之路还很漫长,旅游学院和旅游学科的发展寄希望于他们。但学术研究讲求积累,真所谓厚积薄发,欲速则不达。在崎岖的学术道路上行走,既要耐得住寂寞,更要学会享受寂寞。由此,我想起了位于阿尔卑斯山谷中,写在景观大道上的一条标语:

慢慢走,欣赏啊!(Walk slowly,appreciate!)

张凌云

北京旅游发展研究基地副主任

北京联合大学旅游学院副院长

2011年9月23日于北京,小营

目 录

绪 论 以消费行为视角研究旅游出行方式 ·········· 1

 绪 论 ··· 2
  一、研究架构 ··· 2
  二、旅游出行方式研究概况 ··························· 4
  三、旅游出行方式分类 ······························· 6
  四、行为科学视角 ··································· 9
  五、本研究对旅游出行方式研究的贡献 ··············· 12

第一篇 国外旅游出行方式研究 ····················· 15
 第一章 西方国家旅游出行方式研究 ·················· 16
  一、短途旅游、中长途旅游的出行方式 ··············· 16
  二、自驾车旅游出行方式 ···························· 18
  三、自行车旅游出行方式 ···························· 21
  四、高速铁路旅游出行方式 ·························· 24
  五、邮轮旅游出行方式 ······························ 27
  六、绿色旅游出行方式与碳排放 ···················· 31

 第二章 日本旅游出行方式研究 ······················ 35
  一、日本旅游出行方式的发展及其特点 ··············· 35

— 1 —

二、日本铁路出行方式研究 ································ 42
三、观光大巴在日本的发展及其经验 ···················· 55
四、日本旅游出行方式对中国的借鉴意义 ··············· 62

第二篇　短途旅游出行方式研究 ······························· 67

第三章　我国短途旅游的快速发展研究 ···················· 68
一、我国短途旅游的快速发展形势 ······················· 68
二、相关文献综述 ··························· 69
三、短途旅游概念界定 ························· 72
四、关于城市居民选择短途旅游影响因素的实证研究
　　——以北京为例 ························· 73
五、选择短途旅游出行行为因子分析 ······················· 74

第四章　现行休假制度下我国城市居民旅游出行特征回望 ············ 76
一、现行休假制度影响城市居民旅游出行的聚类分析 ········· 77
二、短途旅游便利程度的影响因素分析 ···················· 82
三、短途旅游便利程度LOGISTIC回归分析 ················· 83
四、休假制度导致旅游出行特征改变的对策研究 ············· 86

第三篇　自主旅游出行方式研究 ······························· 91

第五章　自驾车旅游出行方式研究 ·························· 92
一、旅行社与汽车俱乐部经营自驾车旅游的比较研究 ········· 92
二、我国自驾车旅游目的地研究 ························· 103
三、自驾车旅游与高速公路服务区的互动式发展 ············· 107

第六章　房车旅游出行方式研究 ···························· 109
一、中国内地房车旅游发展现状 ························· 109

二、中国内地房车旅游消费意愿调查分析 …………………………… 110
三、制约中国内地房车旅游发展的因素与发展建议 ………………… 114
四、房车露营地的发展 …………………………………………………… 118

第七章 自行车承载休闲及旅游体验的出行方式研究 …………… 121
一、国外自行车旅游的发展 ……………………………………………… 122
二、国内自行车旅游的发展 ……………………………………………… 124
三、国内参与自行车旅游的群体行为特征 …………………………… 125
四、自行车活动深度休闲爱好者的行为特征研究 …………………… 129
五、发展自行车旅游的政策制约因素研究 …………………………… 131
六、安全意识与装备——自行车旅游中的重要问题 ………………… 136
七、总结和反思 …………………………………………………………… 139

第八章 融交通与旅游体验于一体的旅游出行方式研究 ………… 141
一、徒步旅游——行游一体的旅游出行方式研究 …………………… 141
二、行即游游亦行的其他旅游出行方式研究 ………………………… 157

第四篇 公共交通旅游出行方式研究 ………………………… 159

第九章 城市环线观光车旅游出行方式研究 ……………………… 160
一、城市环线观光游览双层车市场的需求特征 ……………………… 160
二、"GL"城市环线观光游览双层车线路设计方案 ………………… 167
三、城市水、陆、空立体环线观光游览系统展望 …………………… 167

第十章 邮轮旅游出行方式研究 …………………………………… 169
一、邮轮出行方式与邮轮旅游 ………………………………………… 169
二、邮轮旅游市场发展现状与趋势 …………………………………… 173
三、我国出境邮轮旅游产品的营销策略
　　——以北京城市居民为营销对象 ……………………………… 178

— 3 —

第五篇　不同群体旅游出行方式的行为特征研究 …………… 185

第十一章　不同群体旅游出行方式的行为特征研究 …………… 186

一、商务旅客对机场"一体化"便利服务的需求特征研究 ……… 186

二、来北京国内游客在皇城中游览的交通方式偏好 …………… 189

三、老年人群体休闲旅游出行行为特征 ………………………… 193

参考文献 ……………………………………………………………… 196

后　记 ………………………………………………………………… 209

绪 论

以消费行为视角研究旅游出行方式

旅游始于"行"。自古以来,交通就对旅行的发展有深刻的影响。便利、迅速、安全的交通运输不仅改变了人们的旅游出行方式,也实现了人类可以到世界各地,甚至太空旅游的愿望。所以,旅游交通一直以来是旅游业的三大支柱产业之一,属于旅游的先决要素和发展的前提条件。

旅游出行方式最先、也最直接地影响着人们的旅游体验。要将旅游业建设成为人民群众满意的现代服务业,不了解旅游者的需求,使旅游者满意就是空谈。

所以本书尝试对旅游出行方式的研究,不单纯关注旅游交通,而是更加关注旅游者如何出行、出行体验、出行中的需求,等等,即关注旅游者与交通的关系、旅游者在交通中的行为特征。因此,在分类研究中提出了旅游出行方式的自主程度、交通与旅游的融合度等分类角度。本研究还尝试从行为科学的视角出发,运用行为统计学的量化分析方法,描述旅游者在各种旅游出行方式中的出行状态、习惯、偏好、需求等行为特征,进而探究其影响因素。通过本研究建构了旅游出行方式研究的基本框架。

绪　论

一、研究架构

（一）旅游始于"行"

由于走出家门,而到较远（国家旅游局的定义是离开惯常居住地10公里以上）或很远的地方去游玩而成为旅游。因此,旅游活动的发生始于出行。由于不同的地域、地理、经济、时代、认知、习惯等方面的不同特征,人们创造和选择了不同的旅游出行方式,并日益丰富、多元化和个性化。由此不难看出,在"吃、住、行、游、购、娱"旅游六大要素中,"行"这一要素的重要地位,即没有"行",旅游无从开始。

（二）旅游出行相关花费在各类旅游花费中占有最大比重

据国家旅游局、国家统计局编制的《2010中国旅游统计年鉴》显示,2009年,我国入境外国游客人数构成,按入境方式分为:徒步占17.1%;汽车占12.6%;船舶占10.7%;火车占2.4%;飞机占57.2%。这一入境方式分类是以游客的交通方式作为标准的。然而,入境方式并不完全等同于该游客的旅游出行方式,特别是在"徒步（foot）"类中,这里指的是"走路"的入境方式,在其背后的旅游出行方式具有一定的复杂性,而并非本研究第九章所涉及的"徒步旅游（hiking）"这一行游一体的旅游出行方式。从2009年国际旅游（外汇）收入构成看,其中两类与出行方式有关,即市内交通占3.4%;长途交通占29.6%,两项合计占国际旅游收入九大类的 1/3。

据国家旅游局、国家统计局编制的《2010 旅游抽样调查资料》显示，2009 年，我国城镇居民散客国内旅游人均花费构成共分为九大类，其中两类与出行方式有关，城市间交通占 21%；市内交通占 2.4%；在城市间交通费中又分为五小类：即飞机占 6.9%；火车占 5.3%；长途汽车占 3.8%；自驾车（2009 年首次加入该类调查）占 4.5%；轮船占 0.2%。2009 年，我国农村居民一日游出游花费情况调查中，分为五类，其中交通占 14.8%。同年我国农村居民散客过夜人均花费构成分为九大类，其中两类与出行方式有关，长途交通占 50%；市内交通占 7%。在长途交通费中又分为四小类：即飞机占 2%；火车占 11%；长途汽车占 37%；轮船为 0。

据北京市旅游局、北京市统计局编制的《2010 北京市旅游统计年鉴》显示，2009 年，入境过夜旅游者在北京花费构成共分为 11 类，其中与出行方式有关的包括民航占 27.1%；铁路占 5.5%；汽车占 4.8%；市内交通占 2.7%，四类合计 40.1%。

从上述三种年鉴显示来看，各类旅游者的花费中，与旅游出行相关的花费均占有最大的比重。在我国目前的调查中，还只有单纯的交通工具分类调查，然而交通方式并不等同于出行方式，现行的旅游调查工作尚未从旅游出行方式的角度进行调查研究。

(三) 交通工具改变旅游出行

在交通工具相对单一的时代，火车票、飞机票一票难求，人们不得不依赖团队出游方式。随着个人汽车拥有率不断提高，截至 2011 年 6 月底，全国私家车保有量达 7206 万辆，占汽车保有量的 73.2%，自驾车旅游出行比例迅速增加，人们可以更多地选择自主型旅游出行方式。伴随车多而带来的拥堵和空气污染，越来越多的人开始追求健康、环保的自行车旅游、徒步旅游等行即游、游亦行的旅游出行方式。2011年京沪高铁的开通,其沿线七城市成立京沪高铁城市旅游联盟,以高铁出行方式,集中打造漫游中国品位城市的高铁之旅品牌,设计开发以城市休闲为特色的都市风情游、世界遗产游、民族文化游系列化主题产品,突出沿线不同城市的旅游特色,构建集群化的旅游产品体系。

(四)问题的提出

基于上述三点,即旅游活动始自出行;"行"的载体交通工具会影响、改变人们的旅游出行方式;与旅游出行方式相关的花费大,在旅游总花费中占有最大比重。这些都足以说明"行"在旅游六大要素中的重要地位。然而,在目前的旅游研究中,鲜见以旅游出行方式为主题的研究,尤其是以旅游者为研究对象的旅游出行方式研究。

(五)研究价值

旅游从过去富人的权利变为每个公民日常生活一部分的时候,旅游出行方式就会最先、最直接地影响旅游者的旅游体验。传统的"白天逛庙,晚上睡觉"的观光旅游已经越来越难以满足广大人民群众的需要,他们首先就会从旅游出行方式上尝试改变,追求自主化、个性化、多元化的旅游出行方式。要将旅游业建设成为人民群众满意的现代服务业,不了解旅游者的需求,使其满意就是空谈。这些即是旅游出行方式研究最基本的价值所在。

二、旅游出行方式研究概况

(一)国外旅游出行方式研究概况

在欧美及澳大利亚等西方国家,对于不同类型的出行方式早已有大量相关研究,比如关于短途旅游与中、长途旅游出行方式的研究,房车露营地的研究等。然而,由于西方国家较早地进入汽车时代,以及语言的无障碍,而使西方国家通常的旅游出行方式是以家庭为单位的自驾车旅游,由于这是一种普遍的旅游出行方式,因此,在旅游研究领域并不像中国这样对自驾车旅游的特别关注。从这一领域的研究发展趋势看,西方国家较早地开始研究旅游出行方式的碳排放问题(详见第二章)。此外,尚未见到关于各种旅游出行方式消费者行为的综合研究。从日本来看,关于旅游出行方式,与学术研究比较起来,他们更加注重在这方面的实践,强调从消费者行为习惯出发,从灵活、便利、人性化的特点出发,为旅游者提供舒适、富有吸引力的旅游出行设施及服务产品(详见第三章)。

(二)国内旅游出行方式研究概况

早在1988年,张凌云教授就在《南开经济研究》上发表了相关研究《旅游地地区交通经济定量分析》的论文,从供给方的角度,探讨了关于调控旅游地交通,以达到观光活动需求与旅游地各方面承载力之间健康协调发展的问题。国内的相关研究,已有涉及旅游交通方面的三部教材出版,其中,《旅游交通教程》(杜学,1993)、《旅游交通管理》(崔莉,2007),从旅游交通管理的角度出发,以介绍旅游交通业的管理模式为主,系统阐述了旅游交通管理、运营、营销、价格、规划等基本理论方法,以及应用技巧和程序;《旅游交通实务》(仟鸣,2010)从旅游从业人员的需求出发,介绍了旅游交通的概念、作用、组织构建,以及各种主要旅游交通方式的基本常识和运作方法。

从对旅游出行方式的相关主题研究来看,在 CNKI 检索,截至2011年9月3日,几乎所有分项均有涉及(详见表1-1),其中检索出文献数量最多的是"自驾车旅游"主题,检索出文献最早的是"短途旅游"和"铁路旅游"主题。然而以"旅游出行方式"为主题的文献检索为零,表明对旅游出行方式总体研究、综合研究的缺乏。

表1-1 CNKI"旅游出行方式"相关主题检索(截至2011年9月3日)

	检索词	检出数量(条)	最早出现时间(年)	时间最早排序
按检出数量降序排列	自驾车旅游	1770	1999	5
	短途旅游	440	1981	1
	旅游消费行为	363	1988	4
	航空+民航旅游	213	1986	3
	铁路旅游	192	1981	1
	邮轮旅游	157	2002	6
	徒步旅游	50	1983	2
	自行车旅游	43	1983	2
	房车旅游	37	2003	6
	旅游出行方式	0	—	—

三、旅游出行方式分类

(一)按出行距离远近分类的旅游出行方式

本研究将旅游出行方式按出行距离远近分为短途旅游和中、长途旅游两类(如图1-1所示)。其中短途旅游在我国,近几年由于休假制度的变化,无论是其旅游活动实践,还是其相关研究成果均呈快速上升趋势;中、长途旅游则是沿用了国外的提法。本书第二篇专就短途旅游的相关问题进行了研究;至于中、长途旅游则属于一般旅游研究的范畴,而未进行单独研究。

按出行距离分类的旅游出行方式 { 短途旅游 / 中、长途旅游

图1-1 按出行距离分类的旅游出行方式

（二）按交通工具分类的旅游出行方式

按交通工具分类的旅游出行方式（如图1-2所示），本研究参考了国家旅游局的相关分类，即飞机、火车、船舶、汽车及徒步，其中徒步不单纯是一种交通方式，还是一种旅游方式。此外，还补充了包括自行车在内的人力车旅游、徒步旅游等健康、环保、时尚的旅游出行方式。

按交通工具分类的旅游出行方式 { 飞机旅游出行 火车旅游出行 船舶旅游出行 汽车旅游出行 人力车旅游出行 徒步旅游 其他

图1-2 按旅游交通工具分类的旅游出行方式

（三）按自主程度分类的旅游出行方式

旅游出行方式按自主程度分为自主型和非自主型两大类（如图1-3所示）。非自主型旅游出行方式在我国过去的旅游出行中占绝大多数，比如以火车、飞机、城市环行观光车等为交通工具的公共交通旅游出行方式；还有类似邮轮旅游这样的、不属于私人交通和自主出行的、同时也不承担一般意义上的公共交通服务的出行方式，本研究称为准公共交通旅游出行方式。自主型旅游出行方式在国外发展较早，也较普遍；在我国则是随着轿车进入家庭、在近几年才逐渐发展起来的。考虑出行方式的动作及动力消耗等方面的特征，本研究将自主型旅游出行方式分为自驾车旅游、骑行旅游和徒步旅游等出行方式。其中，在自驾车旅游中，除了自驾小客车、房车以外，还有驾驶摩托车旅游等；在骑行旅游这一类中，除了自行车骑游以外，还有穿越沙漠的骆驼骑游，等等。

（四）按交通与旅游的融合程度分类的旅游出行方式

关于交通与旅游的融合度问题，本书是从交通工具所承载的服务功能

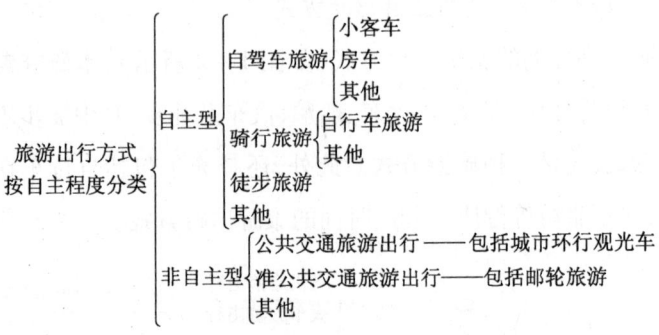

图1-3 旅游出行方式按自主程度分类

角度出发的。通常情况下,交通工具只具有单纯的输送功能,比如搭乘公共交通工具飞机、火车、地铁、公交车等方式旅游出行的均属于这一类(如图1-4所示);另外,仍有许多出行方式是伴随着输送功能的同时,还兼有旅游游览活动、住宿等拓展功能,比如徒步旅游的行走全过程也是其旅游活动的全过程;在非洲一些国家,以动物为主题的旅游线路上,其专用旅游车承载旅游者旅游活动的全过程,穿梭于各个自然保护区之间,游客几乎始终不得下车,这种专用、专业的旅游车方便和保护游客在车内观赏、拍摄动物(详见第九章),这些都是行游一体的旅游出行方式。此外,还有集交通、住宿功能于一体的房车旅游,集交通、住宿、游览于一体的邮轮旅游,等等。

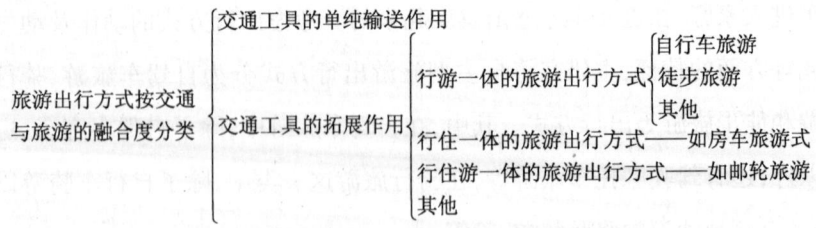

图1-4 旅游出行方式按交通与旅游的融合度分类

四、行为科学视角

本书的消费行为视角,不同于许多一般意义上的消费者行为研究,主要是从行为科学、行为统计学的理论汲取营养,并作为本消费行为视角旅游出行方式研究的理论支撑。

(一)关于选择行为理论

以消费者为导向的市场中,企业只有通过满足消费者的需求才能在市场上生存与立足。那么,如果他们不理解消费者的行为,又怎能做到这一点?现在消费者的品位在不断提高,并且变化的速度比以往要快得多。这样的市场中尤其需要通过对消费者行为的识别,进行准确的市场定位。

"选择行为"理论的提出者、埃里克马德联合公司创始人、营销研究专家、美国人埃里克·马德在《选择与预测:如何精确预测消费行为》中指出:

"营销研究归根结底是测量和预测人们的选择。对于这个理论的形成,'测量'扮演一个不可或缺的角色。没有测量,就没有这个理论,有的只是一堆无用的文字——在社会科学界这种事常有。在我的心里,测量是最重要的;而那些附于测量的标签上的文字乃是次要的;理论则在最后。理论是在事后从真实世界所形成的事情的概念中,分析归纳而得来的。这些定律既普通也自明。初看之下,它们是如此的清楚明白,你也许会说:'我老早就知道这些。'我的回答是:'你当然老早就知道这些。如果你不是老早就知道这些,这些可能就不会是真的,但是此知不同彼知。消极的知,是让我们所知道的不一致的行动上因循苟且;而积极的知,是帮助我们改变我们做事的方法。'我的概括而严格的标准是:一个好的理论应该能够让懂这个理论的人,比不懂这个理论的人赚更多的钱。"

(二)消费者行为的心理核心影响理论

美国著名消费者行为研究学者、消费者信息处理和决策理论、低卷入决策理论提出者韦恩·D·霍依尔教授认为,消费者行为的内涵比消费者购买丰富得多。它包括了消费者个人或群体获得、消费、放弃产品、服务、活动和观念的所有决策(什么、是否、为何、何时、何处、多少、频率)及其历史发展。

心理核心对消费者行为有重要的影响。消费者的激励、能力和机会影响消费者的决策,也影响消费者接触、注意的信息及其感受。这些因素还会影响消费者如何对信息进行归类和解释、如何形成和改变态度、如何形成记忆和回忆。心理核心的所有这些特性都是消费者决策过程的基础,包括问题识别、信息搜集、判断和决策、决策满意程度的评估。

消费者行为还会受到消费者文化,亦即,某一群体所特有的典型的或预期的行为、规范和观念的影响。消费者可能属于多个群体,共享其文化价值观和信仰,运用自己的符号传达群体精神。消费者行为可以是符号性的,能够表明一个人的身份。此外,消费者行为还可以预示消费物在市场上传播的力度和速度。

营销人员研究消费者行为,以制定有效的营销战略和战术,与消费者建立更密切的关系。伦理学者和社群权益团体也对消费者行为的研究很感兴趣。公共政策制定者和管制当局在设计保护性法律和规章时会考虑消费者行为。最后,消费者行为的研究有助于改善消费者的生活,因为营销人员会设计出更加用户友好的以及保护环境的产品。

(三)态度测量行为理论

态度测量行为理论来自美国曾任职于加州大学洛杉矶分校的艾肯(Aiken)教授。在他看来,态度、价值观、观点、信念、个人取向均指引着消费者的行为方向。从态度测量行为,态度——行为之间的关联可以通过累积的方法,即采用多项题目而非单一题目去测量态度和行为。通过这种方法,测量到的整体的态度能较好地预测整体行为模式,而非预测某些具体行为表现。另外,如果需要预测的行为本身是高度具体的,那么用于预测它的态度也应该非常具体,并具有针对性。简而言之,要使态度很好地预测行为,那么两者需要在概括性或具体性上保持同一水平(对等性原则)。这两条原则——累积原则和对等性原则——在理性行为理论分别在菲什拜因的作品(Fishbein,1975)和艾赞的作品(Ajzen,1977)中得到了体现。他们认为,行为本身、行为指向的目标、行为完成的情景、完成行为的时机,在这些和态度、行为相关的成分里,至少目标和行为需要有高度的一致性,只有这样,态度和行为之间才会存在最强的相关。态度结合了人们对具体态度对象的特征的信念,以及对这些特征的评价。还有学者(Fazio and Zanna,1978)提出态度形成的环境对预测行为的重要作用,因为人们对通过直接经验形成的态度会更加的确信。

理性行为理论的一个延伸理论为计划行为理论,它整合了知觉行为控制的概念。根据该理论,仅当可以控制自己行为时,人们才可以按照自己的意愿行事。控制感会根据人们感知到的完成相关行为的难度而变化。这种感知不仅是个体过往经验的反映,同时也是完成当前行为的困难和阻碍。控制感(Ajzen,1991)在由态度预测行为方面其重要作用已被大量的实证研究所证实。当人们有更多的控制力时,会有更强的意愿完成某个具体的行为,并且时机合适时,更可能完成该行为。

和理性行为理论一样,原形/意愿模型理论(Gibbons et al.,1998;Gibbons,Gerrard & McCoy,1995)也很强调社会规范和行为的意图,他们的观点是,态度不仅影响着行为的意图,以做出符合态度的行为,同时也影响着人们参与和态度一致的行为的意愿。

关于外显态度和内隐态度,总结格伦沃尔和巴纳吉(Greenwal and Banaji,1995),迈耶(Quoting Myers,1990),奥尔波特(Allport,1935)的观点,即无论态度是否被意识感知到,都同样可以预测人们的行为。此外,态度与行为理论还有个人特质、态度的通达性、态度——行为过程模型、态度表征理论等贡献。

五、本研究对旅游出行方式研究的贡献

（一）本研究对旅游出行方式研究的贡献

本书尝试对旅游出行方式的研究，不单纯关注旅游交通，而是更加关注旅游者如何出行、出行体验、出行中的需求，等等，即关注旅游者与交通的关系、旅游者在交通中的行为特征，因此在分类研究中提出了旅游出行方式的自主程度、交通与旅游的融合度等分类角度。本研究还尝试从行为科学的视角出发，运用行为统计学的量化分析方法，描述旅游者在各种旅游出行方式中的出行状态、习惯、偏好、需求等行为特征，进而探究其影响因素。通过本书建构旅游出行方式研究的基本框架。

从我国旅游者旅游出行行为角度看，本研究初步的判断与结论为：

由于休假制度的保障，以及交通方式的便捷度提高，使短途旅游出游频率大幅提升，并成为主流；还由于短途旅游的易实现性，从而使短途旅游带动居民出游率得以较大程度地提高。伴随人们收入水平的不断提高、视野的不断开阔、交通条件的不断改善，人们参与旅游活动的自主意识不断增强，尤其体现在旅游出行方式的选择方面，日趋自主化、多元化、时尚化、体验化趋势。从公共服务对大众旅游出行方式的支撑角度看，这一方面的发展，无论在硬件设施设备上，还是在服务内涵方面，都更趋于国际化和人性化。

（二）本研究的局限性与未来研究方向

首先，若从经济学的角度看，旅游出行方式同样存在供需双方的研究领域，本次研究侧重于需求方，即旅游者出行方式角度的研究，对供应方的研究、供需双方的对接与匹配等还基本没有涉及。从局部的旅游出行方式研究来看，也存在一些缺憾。以短途旅游出行方式为例，目前收入本书的只是针对北京当地居民外出短途旅游的调查分析，而本研究曾就北京及河北周边六省市进北京短途旅游者的情况进行过调查研究，同时还就短途旅游的衍生服务需求之一——停车场的情况进行了实地调查。这些都是十分新颖的视角和鲜活、有价值的调查资料，但却由于时间、能力等原因尚未完成。其次，就这一主题而言，目前的研究结果还不够深入，上述结论只是初步的判断。除此之外，还有一些研究是与其他单位的合作，该项目在设计阶段就受到了一些客观限制，而无法提供后续深入分析的基础。

　　未来本研究主题仍将需要从供需两个方面做起，即深入、全面挖掘旅游者旅游出行行为本质特征的同时，建构旅游出行方式供应方的研究体系。

第一篇

国外旅游出行方式研究

历史上,旅游活动一直是以个人为单位的个体消费行为。而世界上首次组织旅游活动,并使其与交通运输业直接关联、开旅游业先河的是英国人托马斯·库克。1841年7月5日,托马斯·库克包租了一列火车,运送了570人从莱斯特前往洛赫巴勒参加禁酒大会,往返行程22英里,团体收费每人一先令,免费提供带火腿肉的午餐及小吃,还有一个唱赞美诗的乐队跟随,这次短途旅游活动标志着近代旅游及旅游业的开端。由于欧美经济的发达,特别是交通运输业的发达,从而引领人们进入更加广阔的旅游天地,使旅游出行方式科学化、快捷化、多样化……

同样,近邻日本的旅游出行方式,更以东方人的消费行为习惯而凸显灵活、便利、人性化的特点。日本政府2003年制定并实施了《观光立国战略》,2007年将《观光基本法》修改为《观光立国推进基本法》,旨在鼓励民众出游。日本政府在景区交通、交通出游方式、风景区宿泊设施、旅游服务、旅游产品的开发等方面进行了系统规划和建设;铁路和公路等交通运营公司及地方景区携手合作,通过各种方式吸引民众外出旅游。这些都是值得中国很好借鉴的地方。

第一章 西方国家旅游出行方式研究

在西方国家,对于不同类型的出行方式早已有大量相关研究,对于我国在此方面的未来研究具有十分重要的参考价值。本章对有关出行方式的研究内容进行初步总结,从对不同距离旅游的研究出发,进而分析几种特殊的出游方式,最后则是对出游与环境保护间关系的讨论。

一、短途旅游、中长途旅游的出行方式

国外关于旅行距离方面的研究由来已久,且其着眼点也各不相同。

从短途旅游的目的地角度来看,戴维·B·韦弗(David B Weaver,1993)根据旅游活动的距离衰减规律,将城市居民出游目的地划分为专业旅游带、中心商务区、地方邻里区、胜地带和乡村外围带五个带,显示出旅游研究者对城市周边旅游的特别关注。马丁·奥珀曼(Martin Oppermann,1996)在对德国南部乡村旅游的研究中,将乡村、农场和非城市地区的旅游都作为乡村旅游,并认为乡村旅游是城镇居民短途旅游的主选。

从长短途旅游的对比来看,则有如下不同侧面的研究。李(Lee)和麦克纳里(McNally)于2003年通过对人们每周活动构成和旅行模式的研究指出,实现旅游活动所必需的时间是与行程范围极其相关的,较之较近的目的地,越远的行程需要越早筹划。苏珊娜·邦雷(Susanne Bonhler)等于2006年从不同旅游出行方式对环境的影响角度进行了调查研究。他们通

第一章　西方国家旅游出行方式研究

过对 1991 个样本的分析发现,其中,长途旅游者也较经常出游,并且 60% 以上是乘坐飞机。而另一些群体的主要出行方式是汽车。关于不同出行方式群体温室气体排放的研究表明,飞机长途旅游者是最小的群体,他们出行方式温室气体的排放却占样本总体排放量的 80%。

关于旅行者如何决定其旅行模式、如何制定其行程方面,也有大量的相关研究。如李和麦克纳利于 2003 年对旅行者行程安排的动态过程与旅行间关系进行了分析,发现性别、婚姻状态和孩子的数量这类个人特征对与其所拟定计划的长度都有影响。

埃斯皮诺(Espino)、罗曼(Román)和奥图扎(Ortúzar)于 2006 年通过混合 RP/SP 信息对大加纳利群岛郊区旅行的模式选择行为进行了分析,发现存在收入影响,从而得到对支付意愿的度量。文章还检验了旅行者行为对不同政策的敏感度,值得注意的是,与政治意愿相反,在拥挤岛屿上对私家车使用加以限制的政策在对促进公交使用方面,相比直接的公共交通服务改进政策作用更为显著,这一结果在今后城市交通政策的制定中值得借鉴。

夏内(Scheiner)和霍尔兹－罗(Holz-Rau)于 2007 年对主客观因素对旅行模式选择的影响,即生活状态、生活方式、住宅位置选择和旅行行为之间的关联进行了分析,发现即使生活状态对方式的选取起决定作用,生活方式还是能够有所影响,并被对场所的态度和地点决策所削弱,在这里客观的空间条件和主观的对场所态度同样重要。

江(Jang)和王(Hwang)于 2009 年通过结果方程模型,估计个人属性对其旅行行为的总体、直接和间接影响,同时假设星期六的旅行行为对星期日有所影响,以分析旅行、活动和活动时间之间的共同联系,并详细分析了个人和家庭属性对出行发生、活动频率和活动时间的细分的间接影响。

而奥赖(Ory)和莫克塔里安(Mokhtarian)于 2009 年则关注于短途旅行的行为模式,以五类短途旅行(低于 100 英里的单程旅行)作为研究对象,通过结构均衡模型验证了旅行数量、感受、偏好和需求之间的联系,其分别为综合型、通勤型、工作/上学型、娱乐/交际型、以及自驾型,其中所使用的数据来自1998年对超过1300名旧金山湾区通勤者的调查。跨模型的分析从中揭示出三类确定性的关系:第一,旅行者的感受受到极大的旅行次数的综合影响;第二,旅行者的感受又是需求变化的重要影响因素;第三,偏好与需求之间存在正相关关系。其中第二点表明两个旅行次数相同的个人可能不会有相同程度减少旅行的意愿,而个体对其旅行的感受才是更重要的。第三点则说明旅行的享受程度是改变需求从而减少旅行的关键决定因素,人们越是享受他们的旅行,就越不会减少其旅行。

以上关于旅行者决策的研究多是基于短途出行,而长途出行方面的研究则较少。林塔纳科尔(Limtanakool),迪吉斯特(Dijst)和施瓦嫩(Schwanen)于2006年推出的研究成果认为中、长距离旅行在隐含环境成本的同时,也带来了社会和经济效益,但由于旅行行为的研究对象趋向于短途旅行或基于日常城市系统的出游,因此,增进对中、长途旅行影响因素的认识就尤为重要。他们使用英国和荷兰1998年的国家旅行调查数据,通过社会-经济特征、时间的可用性、旅行天数和土地使用的相关因素对中、长途旅行者进行了划分。结果表明:在这两个国家,有较高社会经济地位的男性和独身者更愿意进行中、长途旅行,同时城市系统的总体结构,结合国家规模和本地人口密度,影响了人们对中、长途旅行的参与,指出在对中、长途旅行的进一步研究中,这些因素是必须加以考虑的。

二、自驾车旅游出行方式

汽车在西方早已是一种十分普及的交通工具,自驾车旅游是很多旅游者所心仪的方式,因此,自驾车旅游也是学者们所关心的议题之一。根据我们的一般认识,自驾车旅游者自应具备探险精神,可以去没有公共交通的地方,可以前往非常规旅游景点,但美国著名心理学家普劳格却认为,保守的人喜欢开车前往,而开放型游客喜欢飞往目的地。

普里多(Prideaux)等(2001)将自驾车旅游定义为"人们乘私家车或租赁车从原驻地出发至目的地,旨在进行与旅游活动相关的旅行行为。"另有学者认为,自驾车旅游包括租车或是驾驶自己所拥有的汽车进行旅游,也包括租用或驾驶自己的房车(Hardy,2006)。

从行驶时间和距离的角度看,自驾车旅游包括短程停留(1~3晚)、短程旅行(4~7天)和长途旅行(大于8天),后者可延伸至数千公里的路程和数月的持续(McHugh and Mings, 1992; Olsen, 2003; Hardy、Beeton and Carter,2005)。奥尔森(Olsen,2002)则主要考虑了时间因素,认为自驾车旅游是"人们乘坐自己的或者租用、借用的交通工具,离家外出至少一晚上,旨在度假或访问亲友的活动。"

自驾车游客的出行方式与一般游客有别,具有很强的机动性,但同时其要求自驾沿线和目的地能够提供更为完善的服务。因此,改善的道路条件和服务设施的增加(如加油站、汽车旅馆和营地)使旅行者可以更安全、更方便地旅行更长距离。(Hardy,Beeton and Carter,2005)。拉森(Larson)和赫尔(Herr)在2008年研究了澳大利亚北部边远地区作为自驾车旅游者目的地的可持续发展问题。首先对官方的游客数据和通过调查得到的数据进行了对比,所搜集到的数据和能够得到的二手数据间的差异表明,旅游规划应包括对特定区域旅游信息的收集,以指导和减轻潜在的环境变化。自然风景是游客访问该区域的首要吸引物。游客对目的地目前状态的满意程度较高。然而,当地居民已意识到旅游负面冲击的存在,特别是设施和生态上的问题。游客亦存在对环境产生冲击的行为。这些发现对未来目的地的规划具有积极意义。自驾车旅游与交通业的发展也有密切联系(Prideaux,2000)。同时,收入水平的提高、汽车和房车拥有量的增加,以及婴儿潮一代的逐步退休都使新型自驾车旅游的发展得到机会(Hardy,2006)。

在近期研究中，包括对广义的、由不同行为特征人群构成的自驾车旅游市场的分析认为，这些游客选择不同于传统路线的旅行，并具有不同的空间配置模式（Lue、Crompton and Fesenmairer,1993;Pearce,2001;Muller and O'Cass,2003;Hardy、Beeton and Carter,2005）。针对自驾车旅游者选择何种旅行路线，扬（Yang）等（1993）根据交互式计算机模拟建立通过学习实验收集的数据集，研究了驾驶者在高级旅行者信息系统（ATIS）下的路线选择行为，发现大多数人的选择行为主要依据其最近的经验，并与个体特质有关。旅行经验对于辅路和高速路的选择影响较小，且模型的预测精确性、建议的接受程度和建议质量有直接的密切联系。

作为旅游业中重要的组成部门，也衍生出依据自驾车旅游者的需求进行的服务研究。如霍利约克（Holyoak）、卡森（Carson）和施马卢杰（Schmallegger）（2009）开发了一种可将深入澳大利亚腹地的自驾车游客所选择的路线转化为具像化的地理信息系统（GIS）。这些游客的路线是典型的多重目的地旅行。现有的数据集虽包含夜间停靠地点的信息，但不会在游客的路线中有所体现。具像化相对不可预测运动系统（VRUM）可将完整的旅行路线提供给自驾车旅游者，允许游客选择其旅程中认为合适的目的地和商业设施。此运动系统是对于随时间变化而修正旅行模型的可行工具，且这一系统已很容易应用于其他目的地。

游艺车（recreational vehicle）的发展可追溯到1910年，经常被称为"房车"，而房车旅行者则被称为"锡罐"游客（RV Hall of Fame,2010），这也是一种特殊的自驾车旅游方式，在美国尤其盛行。现今，美国的房车市场规模已达375亿美元，有大约820万个家庭拥有房车（RVIA,2010），典型的房车所有者为49岁，已婚，家庭年收入5.6万美元，高于美国平均家庭年收入，并且房车旅行者年平均旅行距离为4 500英里，时间为28~35天（RVIA,2005）。尽管发生了经济危机，2010年全美国房车停车场和营地所报告的预定，仍比2009年同期增长了5%~10%（RVIA,2010）。房车在

第一章 西方国家旅游出行方式研究

这一个世纪里也发生了极大变化,现在房车长度达45英尺,与拖车相同的高度,装修甚至超过普通住房。营地通常为农场地的一部分,能够提供水和电力,现全美国有超过1.6万处可容纳房车的营地(GoRVing,2010)。因此,旅行者可自由选择其目的地,并规划行程,甚至出售其拥有的传统住房(Fielstul and severt,2011)。

康茨(Counts)和康茨(Counts)(2004)着眼于将房车旅行作为退休生活的人群,并关注于"房车者",即完全住在房车内的人,对其自我意识、解决问题的手段和社区创建进行了研究。

弗杰尔斯特尔(Fjelstul)和塞维尔特(Severt,2011)指出,房车旅行者不同于传统旅行者,其住宿可以有两种选择——在房车内或选择露营地,后者能够为房车旅行者提供安全的休息地点。该文章研究了房车旅行者是如何通过在线旅行论坛寻找营地的,指出了旅行者对于目的地、营地、多样性和路线方面的关注点,将有助于营地所有者和运营者制定其市场策略、取得竞争优势,以及提高房车旅行者在其选择的营地或目的地的总体体验。

房车营地作为房车旅游的重要组成部分,科尔(Cole)和拉佩奇(LaPage)(1980)对其进行了研究,他们总结了1960~1979年来自业内人士和不同区域或国家营地市场的调查结果,通过价格策略、对能源影响和占用的数据研究了该市场的发展。至1978年,从全美国来看,不活跃者数量要多于活跃的露营者,但显示出强烈趋向不活跃的露营者少于30人。这一产业的增长在20世纪70年代开始放缓,但特许的营地数量有所增加,而在1979年,由于汽油短缺导致了营地使用数量的减少。

三、自行车旅游出行方式

在现今世界范围的怀旧理念和环保倡议下,自行车作为一种便捷、绿色的交通工具,被越来越多的旅行者所选择,但自行车的属性已不仅局限于代步工具,更成为一种娱乐和运动方式。

对于自行车旅游的相关定义,以下几种是较具代表性的。

娱乐性自行车活动的范围包括从一天或一天中部分时间的休闲郊游,到假期中的长距离旅行,其基本的要素是访问者将自行车作为远足或假期不可分割的部分,即提高休闲时间的积极方式(Lunmsdon,1996)。

西蒙森(Simonsen)和乔根森(Jorgenson)在1998年研究了丹麦的自行车游客,并对自行车游客进行了独创的解释:在某一阶段,或在他或她的假期中使用自行车作为其交通形式,并对他们来说自行车是他们假期重要组成部分的任何国籍的人士,如短途骑行去往商店这类人群不包括在内。

里奇(Ritchie)在1998年对自主或"流浪"自行车游客下的定义如下:离开其所居住市镇或地区至少24小时或一晚,为度假或假期,并且对其来说将自行车作为交通工具是其度假或假期所必需的一部分的人。这里的度假可以是独立安排的,或是商业旅行的一部分,也包括使用交通支持服务和任何形式正式或非正式住宿的情况。

拉蒙特(Lamont)(2009a)指出,自行车作为一项娱乐、休闲和体育运动的复苏,使越来越多的研究关注于自行车与旅游之间的关系。对于自行车旅游的定义各有不同,通过用不同参数来描述自行车游客,使目前的文献不成系统。对于自行车活动的范围,以及将自行车游客与其他类型游客加以区分的行为在特征上也存在分歧。与此同时,一些潜在的、具重要意义的自行车旅游市场和游客被忽略了,或是不合理地被排除在现有的定义之外,如自行车赛的参观者,以及经过旅行来参加自行车赛事的人,这使得对自行车旅游的规模、经济价值和影响进行估计难以进行。文章批判性地研究了现有的各种定义,并以使对这一旅游形式的统计测量更为严谨、一致为目的,对自行车旅游提出了新的定义。拉蒙特将澳大利亚的自行车旅游定义为:离开骑自行车旅游者居住地至少40公里,并有一次过夜停留

第一章 西方国家旅游出行方式研究

(对于过夜旅行),或旅行中包括非自行车行程至少50公里,且离开居住地骑车至少4小时(对于多日旅行),包括主动参与和进行观察,假期、娱乐、休闲和(或)以竞赛为旅行的主要目的。对自行车的参与可以包括:出席有组织的为商业目的活动和(或)慈善活动(竞赛性和非竞赛性),以及自主组织的自行车活动。

关于自行车旅游的需求和供给问题,学者也有所争论。里奇在(Ritchie)(1998)针对欧洲、英国和新西兰自行车销售量的爆炸性增长撰文指出,自行车作为重要的休闲和娱乐交通模式正在逐步再次兴起,但将其放在旅游的背景下展开研究的比例仍较小。文章通过对自行车游客和自行车旅游从需求角度进行界定来研究这一现象,并通过对新西兰南岛相互独立的自行车游客的数据进行分析,描述了自行车旅游的特点、基础设施和旅行行为。通过对行为重要性的分析,指出了规划和管理自行车旅游中需主要关注的问题,并建议当产业的供给方面在未来是可持续的,则应从需求面出发进行考虑。

拉蒙特(Lamont)(2007)则指出,自行车旅游,特别是在欧洲国家,已发展成为全球旅游市场中不断增长的组成部分,之前对自行车旅游的研究局限于自行车旅游需求方面的特征,如人口特征、旅行特点和经济影响,然而缺少对目的地之所以吸引自行车游客的供给面要素的分析。因此拉蒙特关注了自行车游客对基础设施、信息和支援服务方面的要求,对这些内容的掌握有助于目的地进行更有效的规划和管理,并将其优势最大化,以吸引自行车游客。

更进一步,拉蒙特(Lamont)(2009b)提出一个观点,认为在利伯(Leiper)在2004年提出的整体旅游系统模型中,难以将自主自行车旅游的一些要素包含进去,因此,通过实际现象和对现有文献的评析,对交通路线和游客目的地区域这两个整体旅游系统中的地理元素重新定义,使其更好地反映自主自行车旅游中的游客流动。他指出,目的地的概念应是多维度的,此类游客还存有截然不同的两种对交通路线的理解,由此建立了适应于自主自行车旅游的整体旅游系统。

自行车旅游作为旅游业的组成部分,其与旅游相关产业的联系也受到人们的关注。伦莫斯顿(Lumsdon,2000),指出在学术领域对交通和旅游间的关系有很多讨论,但研究主要将交通作为去往目的地的一种手段进行评价,并不视其为旅游业中,特别是对于目的地,起到呈上启下作用的组成部分。该文评估了规划中的一个可持续交通网络——英国的国家自行车网络,这是一种将交通、旅游与娱乐相结合的具有潜力的模式,并总结了一系列在开发类似旅游交通网络时应考虑到的问题。

墨菲1985年这样描述道,旅游经常被认为对社区的自豪感、修缮和发展具有推动作用(Murphy,1985)在适当的环境中,旅游能够成为社区发展的工具,其中自行车旅游也正在成为访客所希望增进的活动,并由此完成其旅游体验(Beeton,2009)。并且随着规划者和政策制定者意识到自行车旅游对经济、特别是乡村经济的推动作用后,用以支持自行车旅游的基础设施得到了极大发展(Ritchie和Hall,1999)。

四、高速铁路旅游出行方式

高速铁路作为一种新兴快捷的交通工具,对于旅行者的出游需求、方式影响巨大,并对沿线地区和目的地的发展起到推动作用。

由于高速铁路建设的高投入,较多文献集中于高速铁路需求的研究,特别是建设前的需求预测。如阿什利(Ashley)在1987年对比了欧洲国际旅行研究中的各种需求预测模型,其中包括针对巴黎—布鲁塞尔—科隆/阿姆斯特丹高铁的4种模型。

冈思(Gunn)、布雷德利(Bradley)和亨斯赫(Hensher)在1992年撰文,对悉尼、堪培拉和墨尔本之间规划中的高速铁路的潜在需求进行了研究,对现有旅行者的调查表明,此项计划不仅将影响现有乘客的出行选择,还将影响最近并未在此路线进行过旅行的人们。文章还对比了不同的调查设计和分析方法。

莱文森(Levinson)等人在1997年研究了洛杉矶和旧金山间拟建造的高速铁路的总成本(私人成本和社会成本之和)。总成本中包括基础设施、车队资本和运营费用,以及时间成本和外部性带来的社会成本,如噪音、污染和事故。总成本的计算有助于将高速铁路与其他可能的模式对比以估计可行性,结果显示高铁相比汽车旅行较为昂贵,而相比扩大空中运输服务其所需成本更为庞大,因此,高速铁路在短途市场上相比长途市场更具优势。

库托(Couto)和格雷厄姆(Graham)在2008年估计了由高铁技术的引入和使用所带动的乘客铁路需求,以及需求的价格弹性、收入弹性、服务质量弹性和外生因素弹性,结果显示,相比摆式列车技术,常规的高铁技术对乘客需求有更为巨大的影响(约增长8%)。两类高铁技术的应用除将实现类似于非高速技术基础上的惯常交通密度增长外,对需求增长还另有积极作用。

关于高速铁路对其他交通方式的替代作用,鲁斯(Rus)和英格莱达(Inglada)在1997认为,高速列车是乘客运输技术上的突破,其通过增加铁路在中程距离上的份额,与公路和航空运输进行竞争。西班牙第一条高速铁路于1992年4月开通运营,在使用率和公众满意度上取得了成功,并对区域发展起到了推动作用。吉沃尼(Givoni)在2006年指出,高速铁路在越来越多国家已经或计划投入运营,铁路在许多路线上再次成为具优势的运输方式,认为高铁应被应用于对更高运输能力有所需求的线路,以代替传统铁路,在缩短旅行时间的同时提升铁路服务,并通过竞争以取代其他运输方式。然而,高铁基础设施的巨额投资在当其经济发展收益并不确定时是难以评估其合理性的。最后给出高速铁路的定义:平均时速达到200公里的高容量、高密度铁路服务。

在高速铁路和区域发展方面,Fröidh 和 Nelldal(2008)分析了瑞典20世纪90年代以来开通的旨在服务于区域性或中等距离旅行的高速铁路,指出这些高铁的决策是基于社会收益能够极大提高的基础上的,并预想能够扭转地区间的发展不平衡问题,同时有助于降低失业率,然而事实与之前预想并不完全吻合。Ureña、Menerault 和 Garmendia(2009)则指出对高速铁路和城市发展关系的研究均基于多级分析的需要,而将高铁对小型城市和大中型城市的影响进行区分。其关注高铁沿线的大中型城市,发展出基于国家、区域和地方层面的多级分析,验证了高铁改变时间距离的能力和现实性。文章汇集了能够说明高铁如何使这些大中型城市面对新机遇的数据,特别是分析了三个典型实例:西班牙的(Córdoba)和(Zaragoza),以及法国的里尔。这一实例研究考虑了不同的环境和背景,使得理解高铁对城市和地域发展影响上的相同点与差异变得更为便利。

波尔(Pol)在2003年指出新交通系统的影响依赖于城市居民的空间行为,高速铁路网络则使居民可在缩减交通成本的同时,扩大其能够接受的最远运输距离。人们可以旅行更远或是更快到达其目的地,意味着其相关区域有所扩大。随着其相关区域内更多的福利元素,其潜在福利提高。为提高人们在服务和信息经济中的竞争优势,城市必然需要高等级(国际化)设施,以变得更具吸引力,且更易抵达。为实现此目的,相关的城市居民不得不为这种平衡而努力。高速铁路的出现能够实现这些平衡,高铁可以同时提高城市生活水平和城市中心的可抵达性,并刺激多样化区域的发展。高铁对区域经济具有催化作用(高铁带来新的活力,并促使区域经济得到增长),或是便利作用(新的基础设施将会顺应城市区域已存在的经济增长)。高速铁路的到来对已占据竞争主导地位的城市是有益的。它们通常已具有相对高的经济潜力,和对新服务公司及高素质居民的吸引因素,这些优势通过提高外部的可访问性得到加强。对于较弱势的城市区域,高速铁路将是这类城市区域提高竞争地位和在欧洲城市体系中获得更高地位的机会,提高外部可访问性能够帮助此类城市区域加强经济潜力和地区特性。然而,经济增长和这些城市得以新生的先决条件之一将是其经济潜力超越一个特定的关键水平(有时是心理上的),如不能达到,则外部可访问性也将可能引起反响作用(例如当其当地市场不再受运输阻碍时,公司将迁离城市区域)。因此,高速铁路的出现特别将激励这些较弱区域去提升其经济吸引力。

进一步具体到高速铁路和旅游目的地之间的联系,马森(Masson)和皮蒂奥特(Petiot)在2009年指出,交通系统在旅游目的地发展中起着至关重要的作用,高铁能够带来交通成本的降低,并通过提高可抵达性使旅游目的地得以发展。然而,这种提升往往是旅游目的地空间竞争加强的代名词。根据新经济地理(NEG)模型,集聚和分散的力量决定了经济的空间结构,这两股相反作用的力量是受到交通成本影响的,交通成本的降低能够增进经济活动的集聚力。针对佩皮尼昂和巴塞罗那之间即将建成的南欧高速铁路线的预分析,表明由此产生的空间竞争的加剧可能会增强下面的现象,即旅游活动将集聚于巴塞罗那周围,而对佩皮尼昂造成损害。对旅游产品的进一步区分是佩皮尼昂面对这一集聚力量的解决途径之一。

五、邮轮旅游出行方式

邮轮旅游作为世界范围内旅游业中需求增长最为迅速的部门,由于其不断扩大的市场规模、大范围的地理延伸,以及对旅游目的地的作用,已成为旅游学术界和业内的关注焦点。道林(Dowling)在2006年结合具时效性的数据,以全球视角对邮轮产业进行了分析,旨在提升对该产业在理论、问题、影响、营销和管理上的认识水平,希望通过突出不断增长的知识、恰当的规划、审慎的发展和活动管理,有助于在邮轮产业与游客、东道社区间建立起可持续的关系。

对于邮轮旅游的研究主要集中于油轮旅游对旅游业、旅游目的地的影响,及由此产生的各类问题。Ingham 和 Summers(2002)指出福克兰群岛的旅游业正处于加速增长的态势。根据记录,1999~2000 年间有 23 497 名旅客访问了该群岛。这一增长是由于船只访问频率和船只平均载客量的同时提高,同时载客量超过千人的豪华邮轮的数量在稳定提升。福克兰群岛包括 3 种类型的船只:探险邮轮(可容纳约 100~200 名乘客)、大型邮轮(可容纳约 400 名乘客)和豪华邮轮(可容纳约 1000 名乘客)。邮轮业为适应市场已呈现出多元化,随着邮轮受众面的扩大,也带来了对新类型体验和新登陆地的需求。岛屿根据自身接待大型船只的能力进行发展,因而也体现出类似的多元化。同时探险邮轮作为南极洲旅行运作国际联合会(IAATO)成员访问那些高环境标准的岛屿,400 名乘客以上的船只由于该联合会规章中对乘客数量加以限制,而不能成为其成员。这些更大容量的邮轮没能遵循相同的自我调节指导方针。群岛不断增长的乘客数量也使野生动物和植被承受着压力。这一研究勾画了对于全岛性方法和确保所有访问船只能够遵循高标准运作的立法框架的必要,并要对所有访问者提供准确的指导。并建议应搜集、整理和分析访问者的数据,以确定发展趋势和实施适当的管理战略,同时还应进一步研究旅游业对福克兰群岛野生动物的潜在影响。

Davenport 和 Davenport(2006)指出,临海旅游始于 19 世纪,并由于交通技术和持续繁荣的双重刺激,而一直呈现加速增长的态势。最初,主要是在特定国家,渡轮和廉价空中运输的引入使国际旅游在 1950 年至 21 世纪初期间取得了 28 倍的增长。这一回顾考虑旅游在两个层面上的冲击:其一是来自快速增长的游客和其需求(大众旅游与运输);其二是来自通常为新颖的个体形式运输(私人休闲运输)。在第一个层面上,修建沿海度假地和公路、游艇码头使得动物栖息地被分割,生物多样性减少。其次,需考虑大型游船的影响(现有约 250 艘),特别是大型游船与未受管制的污染和将大量游客运往远方目的地之间的联系。再次,梳理了讨论游客对岩石或沙滩海岸潮间带践踏所引起的干扰的文献,并包括海滩"清洁"的负面效应(例如将自然滨海组成作为垃圾移除),这在全世界沙滩海滨度假地都有所发生。最后,是考虑沿海生态旅游的潜在正面效应,但各种迹象表明,过于旺盛的需求更突出了各种问题。在第二个层面上,考虑了一系列私人休闲交通模式所产生的影响。这一范围包含由相对无害的消遣(如游泳、冲浪、帆板和橡皮艇)到非常流行的运动(水肺潜水),后者被作为有利于环保的运动被推销,但尽管有很好的管理手段,仍引起了世界范围内的珊瑚生态系统的明显恶化。其后分析了摩托艇在运送非本地物种上的影响,同时也包括私人船只的高污染和扰民。文章最后指出不受控制的新兴极限运动的产生(如海岸运动、风筝冲浪)还将带来更多新的问题。

另外,Hritz 和 Cecil(2008)对佛罗里达州基韦斯特(Key West)的邮轮旅游业进行了实例研究,以探究其优势和阻碍。文章概述了该产业的成长和伴随产生的各类问题,并通过维拉·里博罗(Vera Rebollo)和伊瓦尔斯(Ivars Baidal,2003)提出的土地利用的旅游业模型来研究这些问题,结果表明基韦斯特这类成熟的邮轮旅游目的地对产业的持续性增长和可持续性的丧失表示担忧,但对于产业未来数量和质量上的增长均表现出期望。

由于很多邮轮旅游项目深入至平时人类较少涉足的区域,这些旅游项目对这类区域生态环境的影响显得尤为突出。斯图尔特(Stewart)等学者在 2010 年撰文指出加拿大中北部哈德逊湾地区的旅游一般为非消耗性的自然基础活动,如观察北极熊。然而该地区近年来邮轮旅游发展迅猛。该文研究了三个邮轮旺季期间(2006 年、2008 年和 2009 年)哈德逊湾各亚区内的不同类型邮轮活动,并且反映出了一种衰退的趋势。由于海冰是极地邮轮旅游者体验中的重要部分,文章研究了哈德逊湾地区的海冰变化和冰山形成,结果表明该地区的可通航时期正在延长,这将对较早和较晚的船舶航行起到促进作用。但对于邮轮交通,文章认为海冰覆盖的消亡显示出哈德逊湾地区邮轮活动将可能出现衰退,这是由于依靠海冰生存的野生动物将会随着海冰的逐渐缩小而向北迁移。鉴于在北极的邮轮活动模式的改变可能对环境和社会文化的影响,以及缺少对该行业大规模监测和监控的情况,使用这些可得的数据源对全面进行分析是至关重要的。

对于邮轮产业发展中各利益主体间关系,Lester 和 Weeden(2004)认为在任何旅游发展中,如何有效管理潜在的利益相关者网络是十分复杂的,而为了加勒比邮轮旅游的未来,其任务则是由数个值得探讨的关键问题组成。其中包括加勒比地区对旅游业在经济上的依赖,不同利益相关团体间力量的不均衡,同时在这些区域割裂、文化多元化岛屿间亦缺乏行之有效的协作。文章陈述了这些问题,并讨论了协作和发展规划的重要性,强调了相混杂的不同利益相关者的不同需要,同时指出了在对邮轮旅游业可持续性发展进行有效管理的同时,与最大化加勒比邮轮旅游之间的悖论。

邮轮上独特的社区文化也引起了学者的关注,如 Lee-Ross(2008)的研究旨在推进和考察关于邮轮旅游船只上是否一种特定类型组织文化的争论,其中船只则被视为一个职业团体。文章依据早期的相关研究设计出问卷,并在所选择邮轮的 72 名服务人员中发现存在确实的职业文化。这类社区文化在较长航程中相比单日航行更为明显,人们的社会化以工作条件为基础,而不是所从事的工作本身。因此,邮轮指挥者或服务管理者需要了解职业团体和所拥护的企业文化是如何相互影响的,以保证船上雇员保持积极态度、有效性和效率。文章所呈现的邮轮接待工作职业的观点对 21 世纪雇员态度和行为的研究提供了新的观点。

第一章　西方国家旅游出行方式研究

六、绿色旅游出行方式与碳排放

旅游业一般被视为绿色产业,但随着人们认识的逐步加强,越来越多的学者意识到旅游出行对环境(包括自然环境和人文环境)的各类负面影响。因此,可持续旅游成为旅游研究中的重要议题,而旅游出行的碳排放问题是其中的一个重要研究方向。

霍耶(Høyer)在2000年撰文对国际公认的"可持续旅游"这一概念的理解进行了批判性讨论,认为当今对于固定活动和局部环境问题的关注,在其与旅游和可持续发展这两个概念的联系上过于狭隘。指出没有旅行就没有旅游,并且通过对挪威的研究,游客的旅行是严重环境问题的主要根源。文章强调可持续旅游应与可持续的移动相联系,但这一移动并不单指运输上的改变,还包含世界大部分地区移动水平的降低。因此,这将带来不同于单纯基于汽车和空中移动的新形式的旅游,也是旅游业未来发展的主要挑战。

针对旅游业具体碳排放水平的测算问题,贝肯(Becken)和帕特森(Patterson)在2006年指出,绝大部分的旅游相关活动都需要能源,或是直接由化石燃料得到,或是间接来自石油、煤炭、天然气转化而成的电力。这些消费带来了温室气体的排放,其中主要是二氧化碳。旅游业在国民账户体系(SNA)中并不是传统部门,因此,没有一个国家对旅游业的能源需求或排放有完善的官方统计。由此指出两种可能的方法,以计算旅游业所产生的二氧化碳排放:自下而上的包括制造业和游客的分析,以及自上而下的环境账户分析,并通过新西兰的实例研究,发现两种方法可以得到相类似的旅游业二氧化碳排放估计结果。自下而上分析可以得出能源的最终使用数据和二氧化碳的主要排放者,其结果可应用于基于目标产业的温室气体减排计划。自上而下的分析则将旅游业作为整体经济中的一个独立部门,可将旅游业的经济效率与其他部门进行对比,或是考察如碳排放费这类宏观经济工具对本产业的影响。

而各个旅游相关产业碳排放的水平也各不相同,其未来发展趋势就将影响到对旅游业碳排放的控制。皮特尔斯(Peeters)、戈斯林(Gössling)和贝肯(Becken)在2006年提到大量文献都指出旅游部门的发展在环境方面越来越不可持续,这主要是由于航空业的作用,以及旅游本身持续增长的温室气体排放。因此,从技术、生活方式和政策三方面来探讨实现可持续性的可行创新。随着科技的不断创新,在未来,航空业的燃油使用效率将有所提高,但旅游空中运输的总体排放水平仍很可能将维持增长的趋势。在生活方式方面,则是少部分游客的旅行产生了主要影响。政策创新可着重于金融类工具,如国际旅行税、排放税或排放许可交易。主要挑战将是较小规模空中运输下的旅游产品创新。

迪根森(Dickinson)、拉姆斯登(Lumsdon)和罗宾斯在2011年撰文分析了缓慢型旅行的各种发展进程,认为缓慢型旅游要求同时有假期形式方式选择和旅行方式的选择,步行、自行车、公交车旅行、大巴和火车旅行都属于缓慢型旅行,而飞机和自驾车则不算。该文章着重讨论缓慢型旅行对全球气候变化的潜在影响。缓慢型旅行中的污气排放量现在在所有旅游形式中占50%~97.5%。该研究对自我定义为缓慢型旅游者的人群进行了深度访谈,结果显示,缓慢型旅游者形成了一种从"软"到"硬"的持续性。

斯科特、皮特尔斯和戈斯林在2010年也做了类似的研究,分析一系列为降低全球气温变化而提出的温室气体减排目标,以及全球旅游部门是如何,或是否达成其在这些目标中的份额。文中举出了对当前旅游GHG排放的估计和依据一般商业发展而推算出的至2035年的排放水平,并将两者与该部门所宣称的减排目标进行对比。分析显示,目前旅游业存在高增长的排放趋势,如果其他经济部门显著降低排放,本部门未来将成为全球主要的温室气体排放源头。旅游业完成减排目标将主要依靠专门政策和

第一章 西方国家旅游出行方式研究

空中运输的操作变化,并且考虑到航空部门目前所预估的有限的潜在技术性减排,阶段性的旅游业减排目标,如若缺少大规模改变则也将是无法完成的。全球向低碳经济转变的机会和挑战是可以预见的,也将促使全球旅游业进行变革。对这些问题需要更进一步思考和宣传,以指导未来旅游业发展和人们的出行决策。

某些特定地区的旅游业碳排放对目的地的影响尤其值得关注,并且某些特定地区所宣扬的某些理念也存在误区或是无法达成。如道森等学者在2010年撰文分析了困扰加拿大彻奇尔(Churchill)地区北极熊观赏这一长途旅游项目上的问题,认为这种旅游形式对温室气体排放从人均量来看是不相称的,并对当地物种的生存产生了负面影响,且"最后时机旅游"这一概念使得更多的游客进入该区域。文章指出气温变化使海冰大量减少,其对北极野生动物物种的生存十分重要,特别是如北极熊这类巨型动物,彻奇尔即为加拿大为数不多的几个能够轻易观察到北极熊的地区之一。研究中对334名游客进行了问卷调查,以及18人次的深度访谈,以评估游客对气温变化的认识,并估计他们进行北极熊观赏旅游所产生的温室气体排放。尽管游客们对气温变化对北极熊所产生的负面影响有所意识,但并不一定清楚其自身所造成的温室气体排放,亦不了解如何能够降低这类可能。文章估计北极熊观赏产业会产生每季度20 892吨的二氧化碳排放,并提出了可能的缓解策略。

艾吉格拉(Eijgelaar)、撒帕尔(Thaper)和皮特尔斯2010年在类似的研究中考察了一个旅游业在对气候变化和减排要求做出适应上自相矛盾的问题。组织者使越来越多的游客由于害怕目的地气候发生改变而抓紧前往南极和其他极地区域,而主要的交通方式则为邮轮和飞机。其卖点为去欣赏即将消失的目的地景观,是一种最后时机旅游,同时宣称将可以提高游客的环境意识,并使其成为环保和被访目的地的"大使"。南极洲游船的乘客在2000~2007年增加了3倍。文章发现邮轮旅行者,特别是那些

访问南极洲的乘客造成了高水平的温室气体排放,几乎是国际旅游每人每天平均水平的8倍。调查发现没有迹象证明此类旅游增进了环保意识,改变人们看法,或是促使人们今后选择更符合可持续性的旅行方式。在对南极洲邮轮乘客的调查中,59%的游客认为其旅行没有对气候变化产生冲击,低于7%的人已经或是可能抵消其排放。文章还讨论了在冰河、极地目的地旅游中降低未来排放的各种可能措施。

第二章
日本旅游出行方式研究

一、日本旅游出行方式的发展及其特点

(一)日本旅游出行方式的历史发展

据2010年日本国土交通省观光厅发布的《观光白皮书》调查数据显示,2010年日本旅游消费额为23.6兆日元,其中交通运输业为6.23兆日元;由于旅游发展带动国民经济产生的波及效应达51.4兆日元,交通运输业的总经济收入达8.02兆日元。旅游和交通两项指标都居其他行业之首,两者相互促进、相辅相成。日本政府很早就认识到交通对旅游的促进作用,并通过交通规划引导人们出行旅游。1955年,日本政府首次在观光胜地日光修建了6.5公里的公路,这应该是日本最早的旅游交通规划。1962年在"全国综合开发计划中",又强调旅游与交通的关系,此后在旅游交通规划、旅游道路的设计研究等方面都投入了大量人力和物力,建立了较为完善的交通规划体系。1964年,日本首条高铁新干线东京—大阪线开通,大大提高了国民的出行效率,成为日本关东关西交通的大动脉,使日本关东(东京圈)与关西(京都大阪)两大旅游中心之间的往来变得快捷和便利。

旅游,通俗来说就是人类徒步或者借助某种交通工具所进行以观光和娱乐为目的的空间移动。在现代化的交通工具出现之前,人们只能借助自

己的足力或是马力、船舶等简单的交通工具得以实现。随着铁路、飞机等现代交通工具的出现,旅游逐渐变得便利、易行。日本旅游出行方式的发展也经历了一个由单一到多样,由盲从到理性的发展过程。20世纪70年代以前,人们出游基本是以公共交通为主,其中最主要的是火车和公交汽车。但是毕竟受到当时物质条件制约,出游人数和旅游范围都很有限。70年代后,随着科技的进一步发展和日本经济的腾飞,旅游在日本逐渐普及并日常化,旅游出行方式也逐渐多样化。火车、汽车自不必说,飞机不再遥不可及,高铁新干线建成通车,家庭轿车开始走入寻常百姓家。

20世纪70年代,由于家用轿车的普及,日本曾经出现过自驾车出游的高潮,过度自驾车出游造成公路交通拥挤、景区停车困难,景区管理面临巨大压力,同时车辆排出的尾气和带来的灰尘在一定程度上造成对旅游景点环境的污染和破坏。以至于京都在1973年发表《拒绝私家车旅游宣言》,劝告京都市民和外地来访者尽量不要利用私家车前来参观,同时声明对开私家车来访的乘客无法保证提供舒适、便利的服务,鼓励大家使用公共交通前往参观。可以想见刚刚实现有车梦想的日本民众对自驾车出游的热情。

汽车分享制在自驾车旅游的热潮中应运而生。汽车分享制,是指针对特定的会员所实行的一种汽车出租服务或是系统。它与汽车租赁很相似,但是它只是针对登记会员提供车辆服务。对于利用者来说,他可以得到比汽车租赁更便宜的价格和更快捷的服务。

汽车分享最大的特点就是租赁时间一般设定为15分钟到一天等相对于较短时间。这种汽车使用的模式发源于欧洲,后来扩展到美国和日本。刚开始是作为公共交通的补充而出现的一种公益性汽车使用模式。对使用者来说最大的优势就是可以用很低的成本使用到汽车。所谓的低成本包括节省了购车的一大笔费用、汽车税、停车费、车险、汽车保养费,等等。实际上我们花费上述大笔费用,真正使用的或许只是一天中的几个小时。

第二章　日本旅游出行方式研究

如果只是用于周末的外出，那么汽车的使用率更会低，所以这就为多数人共同使用一辆车提供了可能。多数人共同使用一辆车，所需费用大家共同来承担，这就是汽车分享的创建初衷。使用者在必要的时候缴纳一定的费用，这笔费用购买的不是汽车的拥有权而是使用权。日本因为公共交通非常发达，人们在出行时会首先比较火车、大巴或是出租车的费用，据说这种汽车分享制可以抑制汽车过快增长，从而降低交通压力和城市的停车压力。

汽车分享组织的汽车一般都有固定的停车场，比如住宅前、超市旁边等。日本一般都是在24小时店周边，这样使用者可以更方便找到车辆。日本的汽车分享和汽车出租是同一法律管理。因为汽车分享只是对会员提供的服务，所以在停车场并没有专门的管理人员，要使用前可以通过电话或者网络预约，然后将会员卡等插入车内设置好的设施，就可以把车开走。其费用会根据距离和时间共同来计算。使用这种汽车分享要支付的费用一般有入会费、固定费用（有的公司会从这部分费用中扣除使用费用）、使用的时间费用和距离费用。

汽车分享组织的发祥地在瑞士。20世纪70年代，随着汽车的普及化，大量汽车涌入市中心，带来城市的拥挤。政府开始在市中心大力发展公共交通，号召人们公交出行。而郊外的公共交通没有办法和市中心相比，于是就以国家的名义建设这种汽车分享组织，以便人们去郊外也能方便、快捷。今天这种组织为没有车辆的居民在周末进行郊外自驾车旅游提供了另外一种可能。但是，目前这种形式的民众认知度不如租车的认知度高。并且在汽车的安全保护和日常检修等方面也存在一些问题，但是其费用比租车要低，预约和使用更方便，这方面的优势也不能低估。

日本在发展自驾旅游方面也顺应市场需求，不断推出一些新举措，比如：

（1）高速公路实行节假日"1 000日元随便开"制度，只要一次缴纳1 000日元，一天之内可以任意跑，不受行驶距离限制。这项措施大大降低自驾车旅游者的出行费用。

（2）将高速路上的服务站建设成"大型休闲中心"或是公园,让游客享受旅游途中的休闲和放松。

（3）开发当地特色产品,特别是"饮食",并通过各种方式扩大宣传,自驾车出游的人可以通过车上安装的全球定位系统(GPS)随时收到下一站要到的地点和可以品尝到的美食,成为很多自驾出游者的一大乐趣。

20世纪80年代后,专门以观光游览为主的观光大巴开始出现。观光大巴票价低廉,而且可以从出发地直达目的地,不用中途周转,且服务周到,逐渐在人们旅游出行方式中占有一席之地。同时,日本政府继续加大各地新干线和主干高速公路的建设,并逐步完备各主干线与景区之间的连乘车辆的配备和服务,在景区所在地的各大车站设立直达景区的大巴,或是在地铁车站设立车辆出租业务,并将火车票与出租车辆费用、景区门票相连推出特价优惠,引导人们选择多种方式出行,以降低单一方式出行的弊端。90年代后,日本进入经济低迷期,人们的消费趋于理性,选择旅游出行方式时会根据时间、费用和交通工具的特点,选择适合自己的出行工具。同时,日本各种出行方式所需公共设施的不断完善,各种公共交通服务的改进和个性化服务的提供,为人们出行方式多样化和个性化提供了外在保障。进入21世纪,信息化的发展更为人们的出行提供了更高的技术支持。人们在出游前可以通过网络查询各种出行方式的利弊,仔细比较、详细计划、周密安排,使得日本旅游出行方式出现徒步旅游、自行车旅游、观光大巴旅游、自驾车出行、坐火车、飞机、轮船旅游等多种形式并存、且均衡发展的态势。

（二）日本旅游出行方式的结构特点

不同旅游出行方式的选择不仅取决于旅游距离的远近,同时与旅游区环境、基础设施,以及旅游者个人的兴趣爱好、家庭状况,甚至是价值取向

第二章　日本旅游出行方式研究

都有关联。一个国家旅游出行方式的分布在某种程度上折射出一个国家的经济发展水平、国内基础设施建设和地理环境、历史文化等诸多因素。日本观光厅统计的2008年日、法、韩三国旅游出行交通工具选择明细呈现了如下几个特点（详见表3-1）：

(1) 各种出行方式分布相对均衡。法国的旅游出行方式中，自驾车占有率为82%，韩国为70.2%，而其他公共交通所占比例相对较小。日本的各种出游方式则发展均衡，自驾车虽然名列榜首，但是相对于法、韩两国的高比例还是相差很远，只有34.2%，其他各种公共交通也占有相当比重。铁路普通列车和高铁列车合计为27.4%，客运大巴和观光大巴合计为11.3%，航空12.5%，相对于法国的1.4%和韩国的3.4%，也是相当高的比例。从总体来看，日本与同是发达国家且国土面积相对狭小的法、韩两国相比，各种出行方式分布均衡，公共交通占有相当大的比重，体现出日本在旅游交通规划、公共交通建设方面的成就。

(2) 在公共交通的出行方式上，铁路所占比例最大，特别是高铁新干线。铁路普通列车和高铁列车合计为27.4%，远远高于法国13.5%和韩国的7.8%。特别是高铁新干线，在各种公共交通中占有最大比例，超过同为远距离快捷交通方式的飞机所占比例，表现出日本人在远距离快速出行时对高速铁路新干线的喜爱超过飞机，关于日本人与飞机相比更喜欢新干线的理由，将在"新干线出行方式"中作具体介绍。

(3) 出租观光大巴业取得一定发展。日本的出租观光大巴，原来是指在固定时间内，按一定价钱将一台或是几台大巴出租给某个团体，该团体自定旅游目的地，出租大巴公司根据时间和行使公里数来收取租金的一种运营形式。后来出租大巴公司自己也开始选定旅游路线，募集会员，定期或是不定期发往某旅游地。这种业务逐渐发展成为出租大巴公司的重点业务之一，并取得一定发展。在旅游出行方式中占有率为7.4%，已经远远超过国内客运大巴和固定路线观光大巴2.9%的占有率。韩国的观光大巴占有率仅为 3.8%，与客运大巴 12.4% 的占有率相比，差不多是客运大巴的 1/3 左右。如果与同是靠公路出行的自驾车出行所占比例相比，日本观光大巴所具有的优势更加明显。日本观光大巴在争取客源上所做的努力值得关注和学习。

（4）飞机在人们旅游出行中占有比例明显高于法国和韩国。同样是面积狭小的国家，飞机在人们出行中的占有率为 12.5%，而韩国和法国仅为 1.4% 和 3.4%。这在一定程度上反映了日本国土南北狭长，南北距离遥远的地理环境因素。并且与日本现在最南端的冲绳和最北端的北海道，现在同是旅游的热点有关。也反映出日本人生活节奏快，更喜欢快捷的旅游出行方式的特点。当然也与各个航空公司的各种努力经营有一定关系。

表3-1　2008年日、法、韩三国旅游出行交通工具选择对比

交通方式	日本(%)	法国(%)	韩国(%)
私家车[1]	34.2	82.0	70.2
铁路(新干线除外)[2]	11.1	13.5	4.2
新干线[3]	16.3	—	3.6
高速大巴·固定线路观光大巴[4]	2.9	1.2	12.4
飞机	12.5	1.4	3.4
出租观光大巴	7.4	—	3.8
其他	3.9	1.8	—

说明：1.法国包括摩托车。2.法国包括高铁（TGV）。3.韩国是高速铁路。4.法国包含观光出租大巴；韩国高速大巴为 6.4%，一般大巴占 6.0%。

资料来源：2011 年日本《观光白皮书》。

总体来说，日本国内旅游出行方式呈现均衡发展的态势。这与日本的交通旅游规划、各种出行方式所需配套设施的逐步完善、各大公共交通公司的营销策略、政府政策的引导等都有关系。

第二章 日本旅游出行方式研究

（三）日本国内关于旅游出行方式的研究现状

为了进行正确的规划和指导，日本政府以及观光学和交通学界的专家学者进行了广泛细致的调查研究。如日本著名的观光学学者铃木忠义在1956年已经出版《汽车旅游出行的宿泊设备》一书，开始研究自驾车出行时对周边环境、住宿和停车等基础设施的要求，以便更好地根据需要进行旅游基础设施的建设，为旅游者提供便利，促进旅游业的发展。1972年，京都大学建筑研究所的学生就已经开始关注自驾车出游给京都造成的巨大压力，开始实地调研自驾车出游的人数、民众对自驾车出游的反映，并提出了要减少自驾车出游必须加强公共出游方式的几点建议。几十年来，日本各界对观光旅游交通进行了多方位、多层次的各种微观、宏观研究，出现了一大批优秀成果，可以从国家层面的整体规划和某个旅游地的交通管理、某种交通工具的公司服务等各个层面对日本旅游交通的发展提供参考。

从宏观层面进行研究的有古贺学的《旅游与公共交通的完备》（载《与公共交通机关的联系特集》，1990年）；杉田由纪子的《观光交通研究的理论框架和诸课题》（载《立教观光学研究纪要》，2006年）；秋山哲男的《旅游地与历史地区之间在交通上的对接》（载《观光科学研究》，2009年），井手多加子的《国内旅行中住宿和交通手段的选择——用微观数据进行的逻辑分析》（载《成熙大学经济学部论集》，2010年）等。对某种特定交通工具进行的研究如古贺学的《自驾车出游的现状和今后的对应》（载《观光立国战略中道路的作用》特集，2007年）；小松礼知的《关于自驾车旅行者住宿设备选择意愿的基础研究》（载《足利工业大学研究纪要》，2000年）；吉田树、秋山哲男、田中义章合著的《观光大巴停车导致的交通混乱原因及对策研究》（载《日本观光研究学会全国大会学术论文集》，2009年）；正木聪的《关于路面电车观光活动的研究》（载《日本观光研究学会全国大会学术论文集》，2006年）。就某个特定旅游地旅游交通进行研究的如冈野英伸的《与观光交通经营相关的考察——以新神户缆车事例为中心》(载《大阪明净大学纪要第6号》,2006年);冈本哲次的《与观光交通手段变化相对应的冲绳公交车站的新职能》(载《日本道路协会,2010年8月》),等等。这些学术论文从不同角度对日本观光交通的发展规划、各种出行方式的特点,以及对相关设施的要求、出行者的特点等各方面进行了深度研究,为日本观光交通的发展提供了各个方面的理论及实际操作上的指导。下面我们在这些先行研究的基础上,对日本公共交通中的火车出行、观光大巴出行方式的特点、经验等进行归纳研究,以期为我国的旅游交通,以及相关设施建设提供借鉴,促进我国旅游业的健康和良性发展。

二、日本铁路出行方式研究

日语中火车叫做"汽车"(kisya),汉语中说的"汽车",日语中叫做"自动车(zidousya)"。在日本说到"汽车旅行",总是有些怀旧的感觉,因为日本人认为以煤为动力的蒸汽机车或者以柴油等为动力的内燃机车才是标准意义上的"汽车",这两种火车随着科学技术的进步已逐渐退出历史舞台。现在的火车基本上都以电力作动力,但是我国还是习惯地称为火车。日本在20世纪60年代开始实行火车无烟化,现在除个别旅游地有作为观赏和游乐用的少数小火车外,平时已很少见,所以日本人很少使用相当于汉语中火车的"汽车"一词,而直接使用"电车"一词,轨道在地下的就直接称为地铁,这与北京市内跑的无轨电车完全不同。有时候为了与市内的或是短途的电车相区别,长距离的电车有时候会使用"列车"一词。1964年日本建成现代化的高铁新干线,虽然也是在铁轨上行驶,但是日本人更不会把新干线称为"汽车",而是直接使用新干线一词。为了叙述上的方便,本文第一部分仍使用"火车"一词,用来指除高铁之外的普通火车,第二部分则直接使用新干线来指代日本的高铁。

第二章 日本旅游出行方式研究

（一）火车出行方式研究

1. 日本火车出游的高潮及其原因分析

火车是近代以来伴随着科技进步出现的最大众化的、最廉价的现代化交通工具，可以说在大众中长距离旅游的历史上发挥了最重要的作用。日本在第二次世界大战后随着经济的复兴和人们生活状况的不断改善，曾经出现过几次乘火车出游的高潮，这几次火车旅行高潮的原因不尽相同，却在某种程度上唤起了人们乘坐火车外出旅游的兴趣，促进了火车旅游业的发展。

20世纪50年代，日本国内也还处于物质贫乏的时代，坐火车出去旅游对普通百姓来说也还有些陌生，作家内田百间通过其随笔小说《阿房列车》点燃了大家坐火车出游的热情。内田百间由于酷爱火车而特意去做没有旅游目的地的"旅行"，坐到终点然后再返回到出发地点。并把这种经历写成小说性质的随笔《阿房列车》，他乘火车旅行的足迹遍布日本全国各地。《阿房列车》中对作家自己故乡的热爱和对日本风土的描述，加上作家乘坐火车时的随想和想象，引起读者的强烈共鸣。《阿房列车》连续出版了三部，在日本掀起一股乘火车旅行的热潮，这当然也与当时民众长距离旅行没有更多交通工具可供选择有关。但是作家所强调的坐铁路火车出游的真实感受，成为后来为坐火车而旅游的铁路游爱好者的鼻祖。内田也因为对铁路、对火车的特殊热爱和在号召民众坐火车出游方面的特殊贡献于1952年出任日本东京车站的名誉站长，成为那个时代乘火车出游的代言人。

20世纪60年代开始，日本国有铁路开始推行火车的无烟化，洁净环保的电车开始进入人们的生活。一些火车爱好者出于追忆的目的，再次掀起乘火车出行的热潮，更有一些火车迷到处寻找将要消失的蒸汽火车拍照留念，当时的伯备线上的布原信号场和函馆本线沙那个的上目名等地都成为蒸汽火车摄影爱好者聚集之地。日本铁路更是借着民众对蒸汽火车的追捧,在蒸汽火车还没有下线的地方,开通特殊旅游线路吸引游客。但是出于环保的目的,1975年前后蒸汽火车还是最终退出了历史的舞台。现在只有在个别的旅游景点,作为旅游项目还残存着一些小火车,给没有乘坐过蒸汽火车的年轻人提供一些尝试,也给乘坐过的老年人勾起美好回忆的机会。

19世纪70年代后,随着家庭轿车的普及和新干线等现代化交通工具的出现,铁路在人们出游中的作用开始减退。铁路公司为了保住其地位和收益,开始用各种方式鼓励号召民众坐铁路出游。1977年前后,日本国有铁路JR举办并掀起"蓝色夜间快车"热潮。蓝色夜间快车,即是指夜间发行的特快卧铺列车,因其车身均涂成蓝色而得名。以往乘坐这种夜间特快的人多是休学旅行的学生团体,但是随着新干线和飞机的发达,长距离旅行也可以在白天几个小时完成,选择夜间出行的人越来越少而直接带来公司效益的下滑。出于挽救这些夜间特快的目的,JR公司在年轻人之间宣扬乘坐夜间快车出行的魅力。"漆黑的夜里,列车疾驰而过……",其神秘感果然勾起很多少男少女的乘坐欲望,乘坐夜间快车去旅行很快成为年轻人的时尚。

1977年,作家种村直树通过日本交通公社出版《铁路旅行术》,书中详细介绍了诸条线路的利用方式、各种车票的购买方法以及旅馆的预订,如何品尝各站特色盒饭,等等,连当时还没有公开的一些铁路旅行的窍门都记述得很详细,在当时引起很大震动,被称为坐铁路旅游的"圣典"。此后,各所大学的铁路研究会和铁路友会进一步将铁路旅行的这些信息通俗化、大众化,大大方便了普通百姓的乘坐铁路列车出游。1978年,中央公论社的编辑宫胁俊三在河出书房出版《列车时刻表2万公里》,宫胁洋洋洒洒的文章以及乘坐列车出游时恬淡的心境,吸引了很多原本对坐列车出游没有兴趣的人们,掀起新一轮的铁路出游热潮。这本书也因此成为畅销书,日本国有铁路JR借此东风于1980年举办"挑战旅游20 000公里"有

第二章 日本旅游出行方式研究

奖活动,推出如票价折扣、套票等一系列优惠活动,鼓励民众乘火车出游,果然取得不俗成效。

在20世纪日本出现的几次火车旅行高潮,虽然每次原因不尽相同,但是都从某个角度唤起了人们乘坐火车旅游的兴趣,在信息传媒不太发达的过去起到了"广告宣传"的作用。JR也非常善于抓住各种机会,积极营销,为人们外出旅游提供了便利,同时也为火车公司创造了效益。

2. 日本发展火车旅游的经验

随着各种现代化交通工具的出现,普通列车更多是作为人们工作生活中的交通工具。由于生活节奏的加快,人们长距离出游时更多选择新干线和飞机,而短距离出行又有自驾车和观光大巴等多种选择,把普通列车作为出游工具的人越来越少。为此,铁路公司积极运营,通过改善服务和票价优惠等措施吸引游客乘火车出游。

(1)完善铁路网建设,使火车旅游日益便利。日本的交通非常发达,有轨电车成为人们出行的重要交通工具。大、中城镇自不必说,就是居住在乡村,也能在附近不远处找到电车站,坐上电车便利出行。电车的方便、洁净、准时、车次多,使人们已经忘记原来的"汽车"概念,而直接使用"电车"一词。日本电车公司为了使电车不仅成为人们工作、生活的最重要的交通工具,同时在出游时占有一席之地,从交通线路规划到站点设置,再到各条线路的衔接和车次时间上的衔接进行了周密安排。日光和箱根是东京附近最有名的两处旅游胜地,风景优美,且都是温泉之乡,是东京人喜欢的两处休闲度假场所。铁路运营公司在规划线路之初,就充分考虑到人们的出游需求,或者从某种角度来说是为了人们的出游而修建了铁路。现在东武线可以直达日光,小田急可直达箱根,为火车在近距离旅游方面争得客源。此外,在一些地方车站,各站都有介绍当地历史文化、旅游景点的宣传册,并附有换乘的详细路线图,乘客可以免费领取。同时各大车站都有观光大巴直达景点,喜欢自驾的人可以在车站办理汽车租赁,可以体会自驾的快乐和便利,同时减少长期驾驶的疲惫。

(2)充分发挥火车优势,发展各种团体旅游。普通列车由于速度相对慢、停靠站点多、设备简陋等不利因素,现在乘坐普通列车出游的人呈逐渐减少的趋势,但是普通列车也有票价便宜的优势。所以,今天的普通列车更多用于团体旅游,如公司集体出游、学生的修学旅游,或是某个协会组织的出游等,JR充分利用这一特点,改善服务,发展各种形式的团体旅游。每当有团体预定,电车公司就会加挂团体专用的备用车辆,一般是1~2节车厢,这些车厢内不会再有其他乘客,从而保证团体出游乘客的整体性和安全性,还会在车身上做特殊标明,给出游的旅客一种"贵宾"的感觉。开通的团体游客专用车被称为"团临",在日本经常用的有"学生修学旅游专用车"、"甲子园输送专车"。除了这些固定的团体外,火车公司还会组织某种名目的临时团体,如"暑期亲子游"、"新年参拜祈福专车"、"夕阳红老年游"、"团块世代退职游",等等。参加这种团体的游客不仅可以节省费用,由于旅游目的、目的地等的一致性,还可以在旅行过程中相互交流旅游感受。

目前,日本老年人团体是日本铁路重点争取的对象,这些老年人退休后,在时间和经济上都有很大的宽裕,特别是他们是伴随着日本铁路的现代化进程而成长起来的,他们年轻的时候曾因为一条新线路的开通、一辆新车的上线首发而欢呼雀跃,所以他们对日本铁路有特殊的感情。特别是退休后,不再像上班族那样要在某个节假日固定的时间内完成旅游,旅游对他们来说更是一种休闲,或是出于一种怀旧的故地重游。普通列车在票价上的优势也成为吸引这些不再被时间所迫的老年人的重要卖点之一。同时,为了吸引不同年龄层的乘客,日本铁路运营公司还别出心裁,运用各式的火车推出"魔幻之旅",就是游客事先根本不知道旅游的目的地,跟着导游踏上火车,会把你带到一个陌生的地方,有时候会是像童话故事中的地方,导游会带着你经历童话故事中梦幻般的场面;有时候会是热播电视剧中的场景,电视剧中的主人公会突然出现在你面前……据说这种旅游方式非常受到日本一些家庭主妇的欢迎。

(3)增加车站功能,建造大型车站综合体,使乘客享受旅游途中的快乐。针对普通列车因停靠站点过多而导致许多游客放弃乘坐此种列车出游的情况,火车运营公司开始在"车站"上做文章。即把一些大车站发展成商业娱乐中心,建设大型车站综合体。这样,游客在旅游途中可以下车购物、娱乐餐饮,把原来的不利变为吸引乘客的有效手段。现在,日本的一些大车站都会有地上、地下几层,里面有商场、各种风格的餐厅、有的还有电影院和游戏厅等。日本的车票基本都是按里程计费,游客可以根据需要中途下车,或餐饮购物,或娱乐,然后再继续前行。这样,不仅可以减少长时间乘车的枯燥感,增添旅游的乐趣,还给当地经济带来一定的促进作用。一些地方车站跟本地的旅游产品相结合,发展"一站一品"的特色产品专卖,或是当地特色的饮食来满足游客需求,有的车站还出售"駅弁"(火车站盒饭),这些盒饭会将本地的特色产品融入之中,且不做异地销售,具有非本地吃不到的特点,并通过电视、网络等大力宣传,成为吸引游客下车的一大亮点。甚至有的人为了吃久负盛名的"駅弁"而特地去旅游,将吃各个车站的"駅弁"变成旅游的目的,将旅途变成旅游的目的地,也是很有趣味的旅行。

(4)发售各种优惠套票,用价格优势吸引游客。日本火车经常推出各种优惠套票,比如将发往某地的车票与某地的景点门票连在一起的优惠套票、发往某景点附近的火车票与连接火车站和景区之间的大巴票连在一起的优惠套票、将火车票景点和住宿连在一起的优惠套票,等等,下面详细介绍一种在日本发行长达20多年,且深受人们喜爱的旅游专用套票——"青春18"。

关于"青春18"车票。此种车票是JR公司针对学生的春假、暑假和寒假而特意推出的一种优惠套票。正如其名称所表示的那样,其推出的目的就是以优惠的车票,号召年轻人外出旅游。当然其潜在原因是JR普快列车乘客减少,为了公司利益着想的一种促销手段。这种车票每到学生假期就发售,如2011年春假发售期为2月20日到3月31日,使用有限期为3月1日到4月10日,基本是整个假期都有效。一张票分为五组,一个人可用五天,并且可以是不连续的五天。也可以几个人同时使用,还可以根据需要购买多套。这种票不能通过自动检票口,只能在人工口通过。第一站开始时,车站管理人员会在第一组盖上当天日期,每次再出站或是进站时只要出示给站台人员看一下就可通过。车票上一旦盖上当日日期就意味着当天行程开始,这一天之内你可以根据需要任意上车,下车,你可以随便乘坐,多远都可以。但是只能乘坐JR普快,特快、新干线都被排除在外。这种车票于1982年开始发行,至今已经20多年了。购买也很方便,在JR车站的绿色窗口或是一些旅行社都能买到。刚开始发行时是8 000日元,后来涨到1万日元左右。刚开始发行时还要查看学生证件,后来有所放松,一般人都能购买。如果计划周密,一天中用2 000日元可以游览很多地方,这种车票还是很优惠。这与日本国土面积狭小,景点也都比较集中,能够在很快的时间内参观结束有关。同时,作为配套服务,JR公司出版了很多关于"青春18"车票的宣传书,里面详细介绍了这种车票的使用方法,能够乘坐的车辆、换乘方式以及推荐线路、沿途能够参观的各个景点,等等,非常详细,对于年轻人的"贫穷旅行"还是很有价值。

  关于"青春18"的游客需求。乘坐"青春18"出行,需要一个年轻人具备"德、智、体"全面素质。首先,乘坐"青春18"个人出行的人很多,这样,就要忍受旅途的寂寞。如果是两三个朋友出行,因为是长途旅行,中途的换乘、时间的选择、景点的取舍、旅馆的选择或者饮食的选择都有可能出现分歧,所以同行之间的相互协调非常重要。这是考验一个学生人际交往能力的一个重要方面。同时,因为"青春18"规定只能乘坐普通快车,但是日本人一般不会中途查票,所以你即使偶尔乘坐快车,也不会有人察觉。所

第二章　日本旅游出行方式研究

以,这时候是检验一个人诚信品质的最好机会。乘坐"青春18"出行,也绝对能考验一个人的智力水平。要想把"青春18"的一张票发挥最大的作用,必须事先做好精密的计划。在哪里下车,去那个景点,用多长时间,在哪里用餐,在哪里住宿,然后再返回车站乘坐哪一班车继续前行,等等,都要做好周密的安排。因为一处计划不周,都有可能错过下一班JR普快,而不得不选择其他公司的电车或是改乘其他的交通工具,而不得不产生新的费用支出。同时,虽然日本的电车非常发达,但是在一些偏远的旅游景点,电车班次还是有时间限制的。最后,因为乘坐的都是普快,其舒适性远远不能和新干线相提并论,长时间的乘坐、中间的换乘,都要消耗大量的体力,这对年轻人的体力也是一个很好的检验。如果你自认为是一个德、智、体全面发展的三好学生,你可以利用假期买上一张"青春18",带上简单的行李去体验自己的魅力之旅,一定不能忘记的是要带上列车时刻表,因为要随时随地地查阅各站JR普快的时间,你才能准时踏上下一班车,继续自己的旅行。

关于使用"青春18"套票出游的利弊。使用"青春18"套票出游,最大的好处就是价格便宜,但是从速度和舒适度来说自然无法和新干线相提并论。不过有时候也会有许多意想不到的收获。乘坐JR普快的多为短途的当地居民,就日本最普通的民众,他们身上往往还保持着日本老百姓纯朴的一面,非常愿意聊天,你可以在车上了解到当地的一些风情、景点的游览方式、当地特产、附近便宜的住宿,等等。因为此种套票价钱便宜,同时还与好多当地的"青年旅社"有联系,出示"青春18"的车票,就可以享受青年旅社的优惠,有时根据需要还可以借用旅社里的自行车到附近的景点游玩,所以非常适合年轻人长期长距离旅行。但是"青春18"不太适合单一目的地旅游,单一目的出行往往距离有限,不能充分发挥套票的作用,而一组票一旦打上日期,就代表一天已经开始,即使你只使用了一次,铁路公司也不会返还剩余票额,从而带来"资源浪费"。

综上所述，日本现在铁路交通虽然非常发达，在历史上也多次出现了乘火车出游的高潮，但是，随着各种现代化交通工具的出现以及普及化，普通火车在人们旅游中的作用在逐渐减弱。今天坐普快出游的多是一些中老年人或是年轻学生，以及一些短距离出行的游客。他们在日本属于时间充裕型，所以，可以把交通手段的价钱便宜放置首位，这是选择乘坐普通列车出行人群最显著的特征。但是，火车运营公司通过铁路网和大型车站综合体的建设、旅游线路的拓展和发行套票等方式，积极吸引游客乘火车出游，使火车出游方式在日本人旅游出行方式总量中保持了 11.1% 的占有率，其成功经验值得借鉴。

(二)新干线出游方式研究

新干线是指日本原国铁 JR 集团下属四公司（JR 东日本、JR 东海、JR 西日本、JR 九州）运营的高速铁路的总称。根据日本《全国铁路新干线整备法》的规定，新干线铁路是指主要路段上列车时速达 200 公里以上的高速铁路干线。使用"新干线"一词，是与原有干线相对而言。日本第一条新干线是 1964 年开通的"东海道新干线"，行使于日本东京和大阪之间，为了与原有铁路"东海道本线"相区别，而使用了"东海道新干线"一词，后来 JR 的所有高速铁路都称做新干线。在新干线车站的指示牌上作为线路名称都使用"新干线"，表示车辆名的时候会使用"超特急"，相当于汉语的"超特快"，英语写做"super express"。另外，日本人出于对新干线铁路的喜爱，经常会根据线路、停靠车站等的不同分别给列车起一个好听的名字，如东海道新干线最快的称做"希望号"，大站停车称为"闪电号"，九州新干线连接博多和鹿儿岛之间的各站停车的被称为"飞燕"，而山阳九州新干线的直通列车称做"樱花"，等等，给人以非常亲切的感觉。所以当你乘上新干线后可以听到"欢迎乘坐新干线，这是希望号超特快列车"之类的广播。

1. 新干线的特点

新干线的特点表现在快、准、多、舒适、安全这几个方面。

第二章　日本旅游出行方式研究

快：速度快。时速均在300公里以上。新干线开通以前，坐原东海道线从东京到京都需要十几个小时，而新干线只需三个多小时，一天往返已经很轻松。

准：准时。曾有一项统计，包括台风、地震等自然灾害引起的延误时间在内，所有新干线列车的平均延误时间仅为0.6分钟（不到1分钟）。不仅是时间上，能容纳大约1 500名乘客的400余米长的新干线列车还能准确地停靠在指定地点。乘客可在画有白线的各车厢预定停车处排队等候，车来即上，省时，也省力。

多：数量多、车次多。东京都内的电车平均几分钟就一趟，是最方便的市内交通工具。作为城市间的主要交通工具日本新干线，列车运行的数量和密度都堪称世界第一，方便程度也在接近于市内电车。

安全舒适：为了保证新干线的时速和安全性，新干线全程都采用新技术、新设备。从轨道间距、铁路弯度，等等，都经过严格计算。为了安全，新干线全程没有与其他公路、铁路的平面交叉，而完全采用高架桥立体交叉的方式，同时全程封闭，普通人严禁入内。为了保证乘坐的舒适度，新干线尽量较少铁轨的接缝，接缝处的铆钉都是特制的，从而减少列车经过时的颠簸。自1964年第一条新干线开通40多年来，新干线没有发生过一起因铁路方面原因导致的死亡事故。

2. 新干线出游方式受欢迎的原因（兼与飞机的比较）

新干线由于快、准、多、舒适安全等特点而越来越受到日本人的喜爱，成为人们重要的出行工具。旅游是日本人生活的重要方面。随着人们生活节奏的加快，选择快速出游的人越来越多。据调查公司トレンダーズ株式会社所做的调查显示，日本人外出旅游最喜欢的公共交通工具是新干线等高速列车，其受欢迎程度已经远远超过飞机，达到被调查人数的45%。飞机与新干线同样是适合长距离旅游的快速交通工具，与飞机相比，新干线更受欢迎的原因如表3－2所示：

表3-2　日本新干线受旅客欢迎超出飞机的程度

比较指标	(%)
运行车次多	52.0
不用提前去车站,只要能赶上就能上车	50.0
方便换乘其他路线列车	49.4
安全性高	40.6
费用便宜	33.9
座位宽敞	30.0
列车准时	30.0
乘坐舒适	26.1
座位可以根据需要调整方向,可以和通行的朋友或家人相对而坐	21.1

通过上表可以看出,除了新干线在快、多、准、舒适、安全等鲜明特点以外,新干线还具有以下优势:

(1)乘坐更方便快捷。虽然现在日本各大机场与市区都有城铁或是地铁相连接,但是机场的数量毕竟有限,而机场一般都会建在远离市区的地方,赶赴机场一般需要一定的时间。而且机票一般需要提前预订,预订后要严格按照时间奔赴机场,遇到突发事件虽然可以取消航班,却要承担一部分退票手续费。而新干线除了节假日高峰期外,基本都是到车站登车前再购买也完全来得及。同时,新干线与普通电车间的换乘非常方便,只要你先乘坐家附近的普通电车到较大的车站,就能很快地坐上新干线。同时新干线没有各种像乘坐飞机那样复杂的登机手续,可以大大节省时间。同时,新干线每节车厢内都设有行李寄存,上车时随手放在那里,下车时顺便取走,完全省去了乘坐飞机时行李拖运和下飞机后等行李的时间,还不用担心行李超重被罚款。所以,现在日本,除去国外旅游或是特长距离旅游,比如从日本最北的北海道到最南端的冲绳,日本人更喜欢乘坐新

第二章　日本旅游出行方式研究

干线出游。

（2）乘坐时感觉更舒适。新干线所使用的新技术和新设备，保证了列车行驶平稳，基本没有像其他车辆的晃动感，和坐飞机的感觉差不多。而且新干线还没有飞机起飞和着陆时的颠簸与气压变化对人体造成的不适，从这点来说其舒适度已超越飞机。新干线车厢内部的设置、座位上的空间等还努力做到差别化。如普通车厢禁止吸烟，但是对特别的瘾君子设有吸烟席。此外，车上还设有绿色车厢，绿色车厢和飞机的商务舱很相像，一排只有四个坐，空间比一般座位宽敞，客人可以充分地放松休息。据说日本的皇室和政要，如果不是长距离出行，也经常选择新干线，会坐在绿色车厢的第一排。同时，如上表所述，新干线的座位可以根据需要任意调换方向，如果是几个好朋友一起出游，完全可以把座位调为相对而坐，方便彼此交流。除此之外，新干线的优质服务也是让乘客感觉舒适的重要方面。新干线的乘务人员会穿着和飞机乘务员一样的漂亮制服，礼貌温柔地为乘客提供服务。同时，新干线上会有远比飞机上丰富的各种饮料和食品，有日式的、中式的和西式的，有冷的，有热的，有普通的传统的各种快餐，也有路经各地的特色饮食，乘客可以根据自己需要购买，而价钱也和在普通超市买没有太大的差距，而这一点是飞机上所做不到的。

（3）可沿途观光欣赏。日本的新干线因为其速度快，为了保证其运行的安全和乘坐的舒适度，大都建在地势相对平坦的地方，同时在建设当初就考虑到人们的"观景需求"，新干线也尽量远离城市的钢筋水泥丛林，所以坐在新干线上从车窗看出去，往往就能欣赏到车窗外整齐的农田、树木随着火车的快速行驶而不断变换，这是乘坐飞机和夜间大巴所无法比拟的优势。据トレンダーズ株式会社所做调查表明，乘坐列车出游最大的快乐就是可以悠闲地欣赏车窗外的美景，占到被调查者的73%。

3. 新干线出行的群体特征

旅游虽然只是短暂的几天，但是根据其所选择的旅游目的地、旅游交通工具的不同,可以窥见旅行者的某些行为特征。从乘坐新干线出游的群体来看,选择坐新干线出游的一般具有以下几个特征。

(1)有一定的经济基础。选择新干线出游的人大多为三十岁到五六十岁的群体,此群体大多有一定的经济基础,不太考虑新干线与其他普通车票之间的费用差距,能够快速到达目的地是他们的首选。以东京到大阪的距离来看,如果乘坐新干线,最便宜的单程也要1.2万日元左右,而夜间观光大巴只要大约4 000日元。往返票价的差距高达1.6万日元。

(2)追求快捷舒适。虽然新干线票价比观光大巴要贵出很多,但是快捷上的优势却是显而易见的。乘坐新干线从东京到大阪只要三个多小时,而观光大巴则要近十个小时。同时因为大巴多为夕发朝至,时间上受到限制,而新干线车次很多,可以根据自己的情况自由选择出发时间。同时,对快捷舒适的追求在住宿的选择上也多选用商务快捷酒店。

(3)亲朋等小团体旅游居多。相对于普通火车大力发展团体旅游的特点,选择新干线出游者则小团体居多,或是夫妇,或是几个朋友、或是一家几口。对于工薪族来说,选择周末夫妇或是几个朋友外出,最轻松快捷的方式自然是新干线。他们大都会选择住一晚或是两晚的短期旅游,不用太多在意其他随行成员,两个人或是几个人便于协调决定,自然随意。

(4)休闲的目的大于观光。对于乘坐新干线出游的这些群体来说,外出旅游的目的很多不只是为了单纯的观光,一些著名的名胜都已经去过。休闲成为近些年来日本人旅游的最重要目的。据日本朝日大学市场研究所所作的调查表明,日本人现在出游最旺盛的人群是40左右的群体。平均每两年出游5.27次。选择旅游目的地的时候,选择已经游览过的旅游目的地的人数远远超过选择新旅游目的地出行的人数,其中以40岁左右人群最多,有近三分之一的人80%的国内旅游都选择以前去过的地方。另据株式会社アイシェア调查表明,日本人选择旅游目的地,喜欢选择有温泉的占到被调查人数的50%以上。从这两家公司的调查可知,以放松、休闲为目的的外出旅游渐趋增多。所以对于平时紧张工作的人们来说,他们很难忍受在路上消耗太多的时间或者消耗体力。舒适、快捷成为他们的首选。

日本自从1964年第一条新干线开通,到今天实际运营的已经有东海道新干线、山阳新干线、九州新干线、东北新干线、上越新干线等多条新干线,另外还有诸多建设中和计划建设的新干线,可以说新干线已经遍布日本列岛,大大提高了人们的出行效率。2010年日本观光白皮书调查显示,乘坐新干线出游的人数占总出游人数的16.3%,居各种公共出游方式之首,随着新干线的不断延伸,这一比例预计还会加强。新干线对人们的旅游休闲起到极大的促进作用,但是要发展高铁旅游,不仅仅是高铁主干道的建设,游客来源地与高铁之间、高铁与旅游地之间辅助道路的建设、普通电车或是大巴等交通工具的配备,以及高铁车站服务设施、服务系统的建设,等等,都是发展高铁旅游的重要方面。

三、观光大巴在日本的发展及其经验

(一)日本观光大巴的历史发展

观光大巴,是指以观光旅游为主要目的大巴的总称。为了与公交大巴相区别,一般会把车身涂成不同的颜色图案。东京早在1925年就开通了市内观光大巴,当时的路线是从著名的日比谷公园出发,在银座、明治神宫等地游览。当时票价制定非常灵活,乘客可以跟随观光大巴游览全程,也可以中途上下车选择游览其中的几处景点,游览全程票价上会有些优惠。1933年5月,原日本共乘汽车公司和一家旅行社携手,开通"东海道五十三次游览汽车之旅",东海道是连接日本关东(东京)和关西(京都、大阪)之间的大动脉,沿途既有风景秀丽的自然风光,也有众多的历史古迹,历来是旅游观光的重要通道。"东海道五十三次汽车之旅"的开通,标志着日本开始了长距离观光大巴的运营。但是当时主要是针对团体旅行的观光

大巴出租业务。1937年,东京市内又开通了以新桥车站为中心,环绕夜晚繁华区的浅草和吉原游乐中心游览的夜间观光大巴。后来由于战争的开始,各种游览大巴被迫中止。

1949年,经过战后几年的恢复和发展,东京市内中止的大巴得以重新开通,此后的东京市内观光大巴主要是"市内观光半日游",途经上野、浅草、皇宫前、国会议事堂、帝国大厦等市内标志性景点,之后随着市内新地标景点如东京电视塔和御台场等的出现,旅游路线也做出相应的调整,但是这种市内观光大巴一直运行至今。日本巴士旅游开始蓬勃发展是在1955年前后。经过十年左右战后的发展,日本国民经济逐渐恢复,随着人们生活水平的提高,再次出现了观光旅游的旺盛需求。为了吸引更多的游客坐大巴出游,日本巴士旅游公司根据社会的发展需要,除了原有的东京市内一日游、东京市内半日游等线路外,又开通了东京夜景游、专门针对外国人的"外国游客一日游"等各种线路,1955年针对日本成田国际机场的建成,还专门开通了以参观成田机场为目的的"成田国际机场参观游"等线路。现在,观光大巴已经遍布日本的各个大小城市,既方便了游客出行,又提高了巴士公司的营业额,还创造了诸多的就业机会,促进当地旅游业的发展。

(二)日本观光大巴运营特点及其成功经验

1. 灵活经营,开通丰富的旅游线路

日本的观光大巴一直受到游客的青睐,首先取决于大巴公司开通的丰富的旅游线路。除了定期的市内观光大巴、近郊观光大巴和长途观光大巴之外,观光大巴公司还会根据季节的变化,应对人们的不同需求开通很多不定期观光大巴线路,如每年新年会开通"新年参拜祈福专用大巴";春天里通往一些樱花名胜地的"赏樱花专用大巴";暑假一些城市会有专门针对暑期学生去迪士尼游玩的"迪士尼暑期专线";秋天还会有"赏红叶专线";冬天会有"滑雪专线大巴",等等。日本是个四季分明的国家,人们的旅游活动也有很强的季节性,日本人传统的"集团"和"从众"的心理,一年中的某些特定时期,一些特殊的地点就会聚集起众多的游客。如日本人有过新年时到神社祈福的习惯,每到新年,一些有名的神社都会聚集众多参拜祈福的人。同样一到4月上旬,关东地区樱花盛开,一些知名的樱花胜地又会聚集起众多观赏樱花的游客。这时观光大巴公司都会开通临时的旅游线路,并且提前作宣传来吸引游客。除此之外,观光大巴公司还会根据日本人的节假日开通临时旅游线路,如每年新年和孟兰盆节(相对于中国的清明节)前夕,观光大巴公司会开通"探亲大巴",一般都是由大城市开往周边各县,有的人是回老家探亲,也有很多人会根据自己的情况到附近旅游。有些线路因为备受游客欢迎创造了不俗业绩,后来开辟成定期观光路线,比较有名的"石见银山"号和"房总油菜花"号,等等。

总之,日本观光大巴因丰富的旅游线路和灵活的经营方式,在旅游方式日渐多样的今天始终保持着一席之地。并且,观光大巴公司与时俱进,不断根据社会形式的变化开通新的旅游线路,比如近些年还不定期开通了针对高考前学生的"升学前名校参观旅行";针对结婚前女性的以穿和服、学习结婚礼仪的"婚前准备之旅",针对中年妇女的"美容产品参观之旅"等各种新鲜的线路。

2. 力求大巴的舒适性

虽然观光大巴从平稳度上来看,无法和飞机新干线相比,但是观光大巴公司在内部的设备和装饰上下功夫,最大限度地追求舒适性来吸引游客。首先观光大巴的内部装饰越来越豪华,有的车厢顶部装有豪华吊灯,地上铺着地毯,座位上使用高档布料做座套,座位都很宽敞,乘客可以在座位上有足够的空间,不会产生太多的拘束感。座位可以自由调节座位角度和朝向,可以和同行的朋友相对而坐。长途观光大巴车上都会有空调、DVD、洗手间等设备,有的车上还设有用餐的小餐桌和麻将桌,方便中途用餐和娱乐。有的观光大巴上还设有冰箱、咖啡炉、微波炉等,乘客可以根据自己的需要选用冷热饮料,还可以加热食物。长途观光大巴上还会有毛毯,方便乘客晚上休息。最近,有的观光大巴公司推出双层观光大巴,这种大巴二层是全开放式的,乘客在大巴二层可以尽情欣赏沿途的风景,据说这也是为了让游客在欣赏风景的同时找到自驾兜风的感觉。

3. 满足乘客的需求,提供细致周到的服务

在力求大巴舒适性的同时,细致周到的服务也是观光大巴公司的一大卖点。长途观光大巴除司机外一般都会配备一名年轻的女服务员,负责在途中给旅客提供各种服务,包括前往旅游目的地的讲解、在大巴上给旅客提供饮料、帮助旅客调节座位、清扫,等等。现在这些服务人员都已经向飞机上的空姐一样统一着制服,面带微笑为乘客提供服务,其彬彬有礼和细心周到的程度绝不亚于飞机上的空姐。最重要的是观光大巴时刻注意游客需求,尽最大可能地满足乘客愿望。比如为了保证女性乘客夜间休息时有足够的个人空间,有的大巴特意在座位上方安装了围帘,乘客只要拉上围帘,就会形成一个相对独立的个人空间,很受女性旅客的喜欢。有的公司集体旅游需要几辆大巴同时出行,观光大巴公司就会调配同一型号、同一车身颜色、同一内部设备的车辆,以让使用的公司有整体感,当本公司大巴车辆不够时,观光大巴公司就会通过"观光大巴协会"等组织,向其他观光大巴公司借用车辆。总之,观光大巴公司会通过各种方式满足乘客需求,通过细致周到的服务吸引乘客。

4. 准确定位,多方联手,以价格和便利取胜

观光大巴最大的优势在于其方便、灵活和低廉的价格,观光大巴公司结合自己的优势准确定位,在价格和便利上充分挖掘各种资源。首先从购票和预约来说,乘客可以在电话、网络、旅行社以及旅行代理店等各种方式预约,购票也很方便,可以通过网络、旅行社、旅行代理店,甚至可以通过遍布各地的24小时店来购买。再从乘坐角度来说,日本的观光大巴一般集

中在机场、大的电车站附近,有的是航空公司或是电车公司自身一种业务的延伸,有的是观光大巴公司会与航空公司和电车公司签订长期合同。观光大巴会根据其业务特色将车身刷成与机场或是车站相对应的颜色,如机场的观光大巴会将机身刷成天空的蓝色,上面还飘着朵朵白云,一是方便乘客辨认,另外还可以给顾客一体感,使得大巴旅游与飞机连为一体。如果是短途的市内观光,就会根据航班时间来安排发车时间和往返时间,以便乘客按时登机。对于游客来说,既可以打发候机的多余时间,又可以顺便市内观光,一举两得。观光大巴公司为了吸引更多的乘客,与各个前往景点间都会有合作合同,就是将车票与观光点门票绑定为套票,使用这种套票会享有优惠,这也成为吸引乘客的重要手段之一。

5. 制定符合民众心理的营销方案,积极营销

观光大巴在商业宣传方面也经常是紧抓乘客心理,力图创新。20世纪50年代,一家观光大巴公司为了迎合当时民众刚刚摆脱战争阴影向往和平的心理,将自己旗下的观光大巴车身都画上和平鸽,并将观光大巴命名为"和平鸽大巴",一直沿用至今。针对乘坐观光大巴的主要客户群体都是年轻人的特点,某些大巴公司甚至聘请知名的歌星或是演员来做自己的形象代言人,把本公司的形象树立成青春运动的形象,以吸引众多的年轻人加入到乘坐大巴旅行的行列中来。最近,环保成为民众的共识,许多旅行公司也纷纷响应这一社会形势,鉴于观光大巴是最接近旅游观光景点的交通工具,自然比起电车或是飞机等对景点的污染要大,观光大巴公司纷纷推出"环保节能"牌,从机体设备的更新到清洁能源的使用和排气量等多个方面进行改进,并将取得的各相关部门的环保标志在网上公示,在大巴上张贴,以塑造本公司的环保形象。乘坐绿色环保车出行,减少对自然环境的污染,正成为当下观光大巴公司新的营销策略。

(三)乘坐观光大巴出游群体的主要特征

目前,日本各大城市的市内观光除了停靠地点外,基本上已经与市内

公交大巴相同,所以说到观光大巴更多是指近郊或是远距离观光大巴。2008年日本国土运输省东北运输局调查表明,乘坐观光大巴出游的75%为40岁以下的年轻人。他们选择大巴出游最大的原因在于价钱便宜,出游的主要目的为观光和娱乐。另据日本网络调查公司2006年所作的网络调查显示,参加观光大巴一日游的乘客中女性占54.6%,男性45.4%,女性明显高于男性。从年龄构成来看,30~40岁人群所占比例最高,占总人数的37.4%,40~50岁的人居第二位,占26.1%。这基本上反映出乘坐观光大巴出游人群的主要特征。观光大巴与其他交通手段相比,最大的优势在于其价格上的优势,比如从东京到大阪,乘坐观光大巴只要4000日元左右,而乘坐新干线则要1.2万日元以上。除此以外,因为长途观光大巴大都是夕发朝至,晚上在大巴上过夜,还可以省去一晚上的住宿费用。所以对于经济不很宽裕的年轻旅游者有很大的吸引力。

毕竟大巴在快捷度上来说,无法和飞机新干线相比,长时间乘坐大巴或是在大巴上过夜需要消耗大量体力,这对于中老年游客或是带孩子的家庭旅游来说都是很难承受的事情。目前,随着大量20世纪50年代出生的"团块世代"的退休,这些人正在成为各种交通机关争夺的目标。对于这些中老年游客来说,观光大巴最大的优势在于其便利性。中老年游客在信息查询、路线选择或是宾馆预定等方面都无法和年轻人相比,所以他们更喜欢"省心"的旅行。观光大巴中途不用换乘便可以直接到达各个旅游目的地,因为大巴一直跟随,大的行李可以直接寄存到大巴上,可以节省携带行李和中间周转时消耗的体力。如果是团体旅行,门票、食宿和时间安排都有导游全权负责,中老年游客的确只要拎包就可以出行,这一点对于中老年人来说还是有一定的吸引力。所以针对这一问题,观光大巴公司推出了中老年路线,将原来针对年轻人的"夕发朝至"改为"朝发夕至",就是早晨发车,晚上到达即刻安排休息,第二天早晨再观光,虽然需要支付住宿费用,但是可以免除中老年在大巴上过夜的劳累,

第二章 日本旅游出行方式研究

非常受到中老年游客的欢迎。

(四)发展观光大巴旅行的制约性因素

1. 容易受到天气变化的影响

因为长途观光大巴大都是夕发朝至,并且在价格、运行车次、服务、舒适度、预约付费等方面的绝对优势,使原来乘坐铁路夜间车的人也加入到观光大巴的行列中来,给铁路的夜班车带来很大冲击,但是相对于铁路旅行来说,大巴很容易受到天气变化的影响,遇到暴雨、台风等恶劣天气,大巴很难按时到达目的地,从而给游客出游带来一定影响。即便不是狂风暴雨,但是雨后路滑,高速公路上车辆速度降低,或是雨雪天气导致的交通堵塞等,都会给游客出行带来一定影响。

2. 加油站和汽油价格的影响

因为观光大巴燃料还是以汽油为主,国际汽油价格的升降会直接给观光大巴的成本带来影响。为了吸引游客,各个观光大巴公司之间竞争激烈,票价基本已经接近最低,所以当油价上涨时会直接给观光大巴公司带来冲击。但是油价的上涨,也会将一部分原本打算自驾出游的游客拉到坐观光大巴出行的行列中来,所以对于大巴公司来说也起到某种程度的补偿作用。

3. 受道路影响较大

观光大巴因为是在公路上行驶,非常容易受到道路状况的影响。特别是市内观光和近郊观光,如果遇上交通堵塞很难按时间完成。长途观光大巴因大都是在夜间行驶,碰到交通堵塞的几率相对较少,但是高速路费用的高低会给观光大巴的运行带来一定影响。日本最近开始实行 ETC 卡优惠制度,就是对使用 ETC 卡的车辆实行高速路费折扣,这对降低观光大巴行驶费用很有帮助。2009 年又开始实施节假日高速路"1 000 日元随便开"制度,就是节假日期间,一天内只要交付一次 1 000 日元的高速路过桥费,就可以随便使用,不再受行驶公里数的限制。这些都是高速路管理部门为了促进大家在节假日期间选择公路出游的促销措施，自然会对观光大巴的发展起到一定的促进作用。

4.需要大巴停靠设施支撑

观光大巴和交通大巴最大的区别之一是不会按时在固定地点停靠，所以市内观光大巴一般不能使用普通公交大巴的停车站。观光大巴因为车身大、占地空间大，没有固定停车设施等原因，停车、旅客候车曾一度成为问题。最近比较大的观光公司如 Willer 开始在东京市内新宿等地修建自家公司专用的停车场，并预计扩展至全国，还将对其他观光大巴公司的收费开放，所以这类问题有望得到解决。长途观光大巴虽然不存在市内停车问题，但是因中途要行驶几个或是十几个小时，大巴中途有可能需要加油，旅客也需要适当休息或是购买食物及一些必需品，所以大巴行驶的高速公路上需要有适当的大巴停靠设施。

近年来，为了鼓励依靠公路出行，日本公路运营公司提出了修建"バスの駅"的概念，就是仿照大火车站综合体来建造观光大巴的停车综合体，让乘坐观光大巴出游的人们也可以在中途休息、购物和娱乐，还跟附近一些商家联系起来，推出有特色的当地特产或是食物，就像是火车站上的"駅弁"一样，让乘客享受在其他地方品尝不到的当地美味，把枯燥的旅途变为充满期待和新鲜感的旅途。还有人提出在高速服务区建造与当地特色相结合的公园，大巴在加油修理的间隙让乘客欣赏周边美景，等等。公路服务设施的改进会对民众选择公路出行带来一定的促进作用。

四、日本旅游出行方式对中国的借鉴意义

日本一直非常重视旅游业的发展，早在1963年就颁布了《观光基本法》。进入21世纪，随着日本国内外形势的改变，日本更加重视旅游业的支柱作用，2003年制定并实施《观光立国战略》，2007年又将《观光基本法》修改为《观光立国推进基本法》，旨在"有效利用国民闲暇时间，使国民

第二章　日本旅游出行方式研究

享受健康充裕的物质文化生活,促进国内旅游发展"。同时"要建设令日本当地居民充满自豪感的生活环境,丰富国民生活"。其目的在于以旅游促进民生,拉动内需。几十年来,为了鼓励民众出游,日本政府在景区交通、交通出游方式、风景区宿泊设施、旅游服务、旅游产品的开发等方面进行了系统规划和建设,并取得一定成效。铁路和公路等交通运营公司及地方景区携手合作,通过各种方式吸引民众外出旅游。在多方共同努力下,目前日本各种旅游出行方式分布均衡,选择公共交通出游的人数占有相当大的比例。这对于我国旅游业的良性发展具有重要的借鉴意义。

国务院副总理王岐山在出席亚太旅游协会成立60周年庆典暨年会时提出,加快发展旅游业是扩内需、调结构、促就业、惠民生的重要举措,在今后五年中要把旅游业培育成国民经济的战略性支柱产业。改革开放以来,我国旅游业发展迅速,在旅游交通规划、旅游基础设施建设和旅游服务等方面取得一定成绩,但是远远不能满足人们日益高涨的旅游热情和旅游需求。从旅游交通的角度来说,高铁、高速、航空等交通主干道发展迅速,但是主干道与各景区之间道路和交通工具的衔接上明显不足,给人们的出游、特别是自助出游带来一定困难,所以各部门迫切需要加大主干道与旅游人群来源地、主干道与景区资源地、景区各个景点之间在道路和交通工具上的衔接,以保证民众可以随时以各种形式自由出行。交通和旅游管理部门保持良好的合作沟通,通过一定的措施如车票和景点门票、景区住宿等相结合,根据不同时期实施不同优惠,用来调节人们的出行时间和出行方式,改变人们在某个时间内集中以一种方式出游,以减缓对交通和景区带来的压力。

加大公共旅游出行方式的建设力度,提倡使用公共交通出游。随着我国家用车的普及,目前国内正在出现自驾出游的热潮。固定时间内大规模自驾出游给公路的交通和景区停车场、停车管理带来巨大压力。同时,因为自驾乘坐人数有限,自驾出行人数越多,使用的车辆越多,排放尾气越多,对环境的破坏越大。为了应对全球的气候变暖,我国提出要在2020年单位国内生产总值二氧化碳排放量比2005年减少40%～45%的减排目标。为了实现这一目标,不仅在工作日鼓励大家公交出行,节假日出游也应该提倡使用公共交通。要人们选用公共交通的方式出游,必须要加强公共旅游出行方式的建设。

目前,铁路依然是我国长距离出游最重要的交通工具。铁路目前也已经有普快、特快、动车、高铁等各种速度和档次上的区分,但是铁路运营方并没有根据不同人群,比如低收入人群和中高收入人群,农民工和知识阶层等;不同人群的出行目的比如商务旅行、探亲访友、外出旅游等做进一步的市场细分,基本上处于"靠天吃饭"的状态。如果铁路运营方能够准确把握各种车辆使用状况、使用的人群特征、不同人群的服务需求,等等,就可以和旅游部门联手,在交通的空闲期推出各种形式的旅游,既可以减少火车空座多带来的资源浪费,还可以促进旅游业的发展,创造一定的经济效益。与此同时,还应该加强火车站点的建设,拓展车站职能,提高各个火车站在餐饮娱乐和休闲购物方面的品质与档次,与地方携手开发高品质的特色产品,保证其不可复制性,让人们充分体会到旅途的快乐。

观光大巴应该充分发挥其机动灵活的特征,在游客来源地与主干道、主干道与旅游景区之间承担起衔接和摆渡的作用。现在一些著名的景区,主干道和景区之间一般也开通了公交大巴,但经常是和附近居民的出行混杂在一起,旅游外出者比日常出行对交通工具的舒适和洁净度有更高的要求。大巴经营部门应该根据客源在车辆上作相应的选择和调整。对外出旅游者选用更加干净、舒适的车辆,票价也可以相应提高,同时还可以将大巴的票价和景点门票组合成套票出售,这样既可把当地出行的居民和外来旅游者分开,还可给大巴经营公司和景点同时带来收益。中国的观光大巴近几年来迅速发展,但是在旅游线路的开发和灵活性上还需要改善。如每年春暖花开和秋天赏红叶的季节,北京西山植物园周边都会有众多的参观者,自驾车过多造成交通拥堵,令自驾者苦不堪言,公交也人满为患,如果能根据时令开通观光大巴,不仅可以缓解自驾出行过多造成的交通拥堵,同时还可以给参观者提供便利,给大巴公司创造效益。大巴公司应该利用其灵活机动的特点,在新线路的开发上充分发挥创新精神,根据各个阶层、各个年龄段的出行需求,开发各种旅游线路,吸引民众出游。

中国目前正处在旅游业蓬勃发展的时期,各种出行方式也不断丰富,新的出行方式不断涌现。中国交通部门和旅游部门应该加强沟通与协调,加强各种出行方式所需基础设施的建设、健全信息咨询系统,提高旅游从业人员的服务意识,对人们的出行作适当的规划和指导,以保证人们的顺利出行和我国旅游业的健康发展。

第二篇

短途旅游出行方式研究

世界上最早的有组织的短途旅游实践活动当属前已述及的1841年7月英国人托马斯·库克包租火车组织的那次,往返行程约35公里。

在我国,从旅游研究的角度,1994年著名经济学家厉以宁教授在谈到未来的消费趋势时指出:"若实行每周五天半或五天工作制,整个生活结构就会发生很大变化,更多的家庭也许会安排一次短途旅游。"休假制度的改变使短途旅游成为主流,相对低花费的旅游方式,又使居民出游率提高,从而进入大众旅游时代,并促进了旅游服务需求总量的增加。收入水平的提高、日趋便利的公共交通服务体系、人们对旅游个性化的追求,使旅游出行方式呈现自主化、多元化和组合化趋势。短途旅游以市郊及周边省份为目的地的特点,更有利于拉动本地经济、农村经济和促进区域旅游合作。

本篇首先对短途旅游进行了概念界定,在此基础上针对北京城镇居民进行调查,探讨了其短途旅游方式选择影响因素、出行行为特征、衍生服务需求及其便利程度等问题。

第三章

我国短途旅游的快速发展研究

我国现行休假制度实施三年多来,国家的相关政策及经济形势也支持着人们短途旅游出行。首先,是我国政府应对国际金融危机及时出台了一系列扩大内需、拉动经济增长、关注民生问题的措施。其次,2010年国务院做出了关于进一步加快发展旅游业的决定,指出,要把我国旅游业打造成为战略性支柱产业和人民群众更加满意的现代服务业。然而,当人们面对失业危险、养老保障、医疗费用、子女教育费用、特别是高企的房价时,人们内心对旅游的渴望,如何释放为现实的旅游消费需求?正如中国旅游研究院一位专家所指出:"旅游还是买房,这是个问题。对时下的大部分中国人来说,放弃买房选择旅游其实更多的是一种无奈之举。因为房价那么离谱,对于工薪族来说已经是可望而不可即的事情,而旅游至少是可以靠自己的经济基础来满足的。"

一、我国短途旅游的快速发展形势

关于短途旅游,由于目前尚无统一的概念界定,因而也就无法准确计算短途旅游者人数,所以尚无官方公布的统计数据。本研究2010年10~11月对北京游客的抽样调查中发现,近半数旅游者当年"十一"仍选择了短途旅游出行方式,说明在"黄金周"期间还是有相当大比例的短途旅游者。现阶段,在职工带薪休假制度落实程度不高的情况下,非"黄金周"期间受假期长度制约,选择长途旅游者只是极少数人,而绝大多数为短途旅游者。因此,本研究暂且采用了"倒挤估算"的方法,即使用非"黄金周"期间国内旅游人数作为短途旅游者人数是相对合理的,且略有低估。通过表4-1的数据可以看出,短途旅游者人数随休假制度的改变有了20%以上的增长,且在此基础上逐年递增近10%,这些数据反映出我国短途旅游的快速发展形势,在此形势下,需进一步理清短途旅游的概念和调查研究。

表4-1 我国国内短途旅游相关指标对比

		国内旅游人数(亿人次)		短途旅游者环比增长(%)
		总体	短途旅游者①	
现行休假制度下	2010年	21.00	17.21	9.97
	2009年	19.02	15.65	8.15
	2008年	17.12	14.47	21.29
1999年版休假制度下	2007年	16.10	11.93	—

二、相关文献综述

早在1994年著名经济学家厉以宁教授在谈到我国未来的消费趋势时指出:"若实行每周五天半或五天工作制,整个生活结构就会发生很大变化,更多的家庭也许会安排一次短途旅游。"

(一)国外相关研究综述

从短途旅游的目的地角度来看,戴维·B·韦弗(David B Weaver)在1993年根据旅游活动的距离衰减规律,将城市居民出游目的地划分为专

---

① 运用"倒挤估算"法,即,短途旅游者人数≈非"黄金周"期间国内旅游人数=国内旅游者总数-"黄金周"期间国内旅游人数。

业旅游带、中心商务区、地方邻里区、胜地带和乡村外围带五个带,显示出旅游研究者对城市周边旅游的特别关注;马丁·奥珀曼(Martin Oppermann)在1996年对德国南部乡村旅游的研究中,将乡村、农场和非城市地区的旅游都作为乡村旅游,并认为乡村旅游是城镇居民短途旅游的主选。

从长短途旅游的对比看,则有如下不同侧面的研究。美国学者明·S·李(Ming S. Lee)和迈克尔·G·麦克纳利(Michael G. McNally)在2003年通过对人们每周活动构成和旅行模式的研究指出,实现旅游活动所必需的时间是与行程范围极其相关的,较之较近的目的地,越远的行程需要越早筹划。德国学者苏珊娜·博莱(Susanne Bonhler)等人在2006年从不同旅游出行方式对环境的影响角度进行了调查研究。他们通过对1991个样本的分析发现,其中,长途旅游者也较经常出游,且60%以上是乘坐飞机。而另一些群体的主要出行方式是乘坐汽车。关于对不同出行方式群体温室气体排放的研究表明,飞机长途旅游者是最小的群体,他们出行方式群体温室气体的排放却占样本总体排放量的80%。

(二)国内相关研究综述

国内相关研究主要涉及短途旅游的概念界定、短途旅游发展的动因以及短途旅游对经济发展的贡献等方面。

1. 关于短途旅游的概念界定

从时间考虑,学者们普遍认为是1~3天。比如,阎友兵(1995)指出,城镇居民在紧张的工作和学习之余,可以利用两天时间到离居住地较近的风景名胜区作短途旅游;张燕等人(2001)根据经验提出,短途旅游按往返在途时间约8小时计算,往返在途时间与在旅游目的地滞留时间之比大致为1:(3~4);热娜古丽·夏克热等人(2008)认为,短途旅游是时间大约为1~3天的旅游线路。从路途及范围考虑,短途旅游集中在200公里或300公里的距离,以本市及周边或省内为旅游目的地范围。张燕等人(2001)还较早完整地提出了短途旅游的描述性概念,即游客利用较短的节假日专门出行，到不很远的异地进行观光游玩的活动。在花费不多的条件下，人们通过短途旅游暂时走出人造的居住、工作与学习环境，溶入大自然，享受自然风光与人造景观，获得身心愉悦。

2. 关于短途旅游发展的动因研究

关于短途旅游发展的动因研究，主要包括国民闲暇时间增加、交通方式日益便捷、旅游支付能力有限以及短途旅游相对成本低廉等方面。

厉以宁(1994)、阎学友(1995)、热娜古丽·夏克热等人(2008)和戴斌等人(2009)都认为休假制度的不断改革使国民的闲暇时间增多，可以更为频繁地出游；同时肖雪等人(2008)指出，现行休假制度取消"五一黄金周"后，长途旅游受到限制，取而代之的是短途旅游的兴起。当然也存在不同意见，王琪延等人(2009)认为，小长假对于促进大城市居民短途旅游所产生的效果目前来看是不明显的。由于存在渗透效应，工作压力较大的大城市居民必须拥有更长的假期才可能考虑外出旅游。

厉新建、戴斌等人(2009)研究中认为，高速公路网、城际铁路、高速铁路、客运专列等铁路交通的发展，将大大提升同城化水平，有效缓解长途旅行的时间约束，并且能符合多数人的支付能力约束，为旅游者的出行提供极大方便，很大程度上缩短旅游者与目的地之间的时空距离和心理距离，使消费者更容易做出旅游消费决策。同城化程度的提高，不仅将深刻影响到旅游供给，影响到旅游目的地之间的竞争格局，也将深刻影响到旅游需求和人们对假期时间的需求结构。

赵静、肖雪在2008年和戴斌等人在2009年的研究显示，旅游已成为居民日常消费的重要选择之一，并开始成为广大群众的日常消费，成为人们必要的精神需求。与此同时，我国目前的经济发展水平状况、工作时间安排又决定了多数人只能进行短距离、低消费的旅游活动。短途旅游因距离短，交通费用的支出会降低；在旅游目的地逗留时间的缩短也会减少食、住、行、游、购、娱方面的开支。因而相对低成本的短途旅游可以使更多的人实现自己的旅游梦想。

3. 关于短途旅游对经济发展的贡献研究

关于短途旅游对经济发展的贡献方面存在两种对立的观点。一方是以旅行社企业为代表的旅游企业,他们认为,短途旅游是"旺丁不旺财",由于利润空间太少等原因,使许多旅行社在开发短途旅游的道路上知难而退。清华大学假日制度改革课题组在2009年的研究中则认为,以山东省为例,休假制度改革后,在以短途旅游为主的假日旅游当中,山东省的旅游总收入不降反升,并有了较大幅度的提高。

三、短途旅游概念界定

(一)城市居民对短途旅游概念的认知

城市居民对短途旅游概念的认知,本研究是通过实证研究方式了解的(详见表4-2)。为了避免调查数据中极端值对算数平均数的影响,因而本研究认定中位数和众数为总体代表性数据,即北京城市居民认为,短途旅游从时间方面界定应在2~3天左右,从距离方面界定应在100~200公里左右。

表4-2 北京城市居民对短途旅游概念的认知

	短途旅游下限(天)	短途旅游上限(天)	短途旅游距离上限(公里)
有效	340	340	339
缺失	0	0	1
平均数	2.55	5.69	708.87
中位数	2.00	5.00	200.00
众数	2	3	100
标准差	1.383	6.212	3866.494

续表

	短途旅游下限(天)	短途旅游上限(天)	短途旅游距离上限(公里)
最小值	0	1	3
最大值	10	100	50000

(二)本项研究从操作层面对短途旅游概念的界定

无论是发展、还是研究短途旅游,都是为了更好地满足人们的旅游消费需求,为了更好地在内需型经济环境下提升短途旅游对经济贡献率的需要,我们从文献综述中不多的对短途旅游经济作用的研究来看,存在两种对立观点,况且目前尚未见到专门关于短途旅游对经济拉动作用的研究成果。因此,本研究认为,应当首先解决短途旅游在操作层面上概念的界定问题,才能进一步测算其贡献大小。

从上述研究结果来看,学者和城市居民普遍认为短途旅游是在1~3天或2~3天,距离在100公里~200公里或200公里~300公里。然而,由于交通工具的日益高速化,以里程界定短途旅游会存在较多的不确定性。因此,本研究中短途旅游的"途",应当是一种用时间丈量的心理路途。再有就是考虑到短途旅游中,事实上还包括很多以城市周边乡村为旅游目的地、当日往返的城市居民。根据国家旅游局对国内一日游游客的指标解释,显然他们亦属于旅游者的范畴。

综上所述,本研究认为,短途旅游的操作性定义应该是指国内居民离开惯常居住地10公里以上至邻省范围之内,出游时间在6小时到3天之间的旅游活动。

四、关于城市居民选择短途旅游影响因素的实证研究
——以北京为例

2010年10~11月,本研究针对北京城市居民,共取得有效样本340

个,样本的性别分布均匀,年龄及家庭人均月收入等人口统计学指标分布合理。运用SPSS 18.0,通过主成分因子分析,以探究影响城市居民短途旅游出行的因素,两次因子分析的信度、效度均达良好水平。

根据探索性试验过程,最终可以为11个题项归类而成的四个主成分因子进行命名,分别是外部环境、公共服务、成本制约和诱导因素(详见表4-3),其特征值依次分别为2.25、1.67、1.55、1.43,解释变异量分别为20.48%、15.16%、14.09%、12.98%,累积的解释变异量为62.71%,它们构成了影响北京城市居民选择短途旅游出行方式的最主要因素。

表4-3 因子归类命名

		载荷旋转平方和		
		合计	变异量(%)	累计变异量(%)
外部环境	目的地促销影响	2.25	20.48	20.48
	长假期间团费上涨			
	相对于物价上涨而收入萎缩			
	对远处陌生感的考虑			
	安全考虑			
公共服务	公共卫生事件影响	1.67	15.16	35.64
	交通工具因素			
成本制约	旅游花费制约	1.55	14.09	49.73
	假期长度制约			
诱导因素	旅行社的多种短途线路	1.43	12.98	62.71
	北京周边道路设施完善			

五、选择短途旅游出行行为因子分析

通过文献研究和问卷调查,从操作层面对短途旅游进行了界定,即指

第三章 我国短途旅游的快速发展研究

国内居民离开惯常居住地 10 公里以上至邻省范围内，出游时间在 6 小时到 3 天之间的旅游活动。

通过主成分因子分析，以北京城市居民为例，对人们选择短途旅游出行方式的影响因素进行了探索性研究，从而得出外部环境、公共服务、成本制约和诱导因素这四个方面是影响城市居民选择短途旅游出行方式的最主要因素。在外部环境影响方面，旅游目的地政府和企业的促销优惠措施，比如发放优惠券等活动影响；"十一"期间选择短途旅游是因为长途旅游报名集中团费上涨；受物价上涨影响而收入萎缩的情况下选择短途旅游；出于对太远地方的不了解和陌生感而选择短途旅游；出于旅游安全考虑而选择短途旅游。在公共服务影响方面，担心诸如流行病等公共卫生事件的影响，人们更愿意选择进行短途旅游；交通工具是人们选择短途旅游首先要考虑的因素。在成本制约方面，旅游花费是人们选择短途旅游所要考虑的重要因素；受假期时间长度的制约使人们选择短途旅游。在诱导因素影响方面，旅行社推出的多种短途旅游线路使人们更愿意选择短途旅游；城市及其周边地区道路和公共交通工具的进一步完善，使人们更愿意选择短途旅游。无论从理论研究还是实证研究的角度，都不难看到我国近年来短途旅游的快速发展；短途旅游的快速发展是关注民生、关注公民旅游权利政策的具体体现。然而，在快速发展的同时，如何使这一目前大众化的旅游出行方式进一步惠及更多的民众，以提高出游率；如何在交通工具多样化和高速化的条件下，使短途旅游市场进行分层发展，做到高、中、低端产品的同步供给，以提高企业的利润率；如何在内需型经济环境下提升短途旅游对经济的贡献水平，这些均有待进一步研究。

第四章

现行休假制度下我国城市居民旅游出行特征回望

自2008年我国开始实行的现行休假制度,取消"五一"黄金周,新增了清明、端午、中秋三个三天的假期,并进一步着力落实职工带薪休假制度;至此,全年将有"十一"、春节两个七天长假,元旦、清明、"五一"、端午和中秋五个三天小长假、43个周末双休日以及职工带薪年假。这一休假制度的实施,对我国假日旅游产生了深远影响,改变了人们以往的出游方式。比如清明节,由于其独特的文化内涵,而使人们出行的目的以祭奠扫墓为主。故其出行的主要目的地为城市周边郊区的墓地陵园及"回老家"返乡探亲祭奠。在交通工具选择方面,则优先考虑的是快捷,而不是价格。所以在铁路客流上升的同时,民航及自驾车客流也有大幅度上升。出行组织方式以家庭为主。显然,不同的假期,我国城市居民的旅游出行将会呈现出不同的特点。而定量地把握这些特点,将对相关政府部门完善配套举措以及旅游企业的新产品研发提供决策依据。

现行休假制度对人们旅游出行影响的论述主要有楼嘉军(2008)和王琪延(2009)。楼嘉军教授等人是基于上海居民的相关研究,认为休假制度的改变会影响上海居民的旅游行为;王琪延教授等人则是针对北京居民的相关研究,运用"渗透效应"理论进行了定性分析,认为现行休假制度没有对北京居民的短途旅游产生明显的促进作用。然而,针对现行休假制度的实施,势必会改变人们以往的旅游出行习惯,进而使我国城市居民的旅

第四章 现行休假制度下我国城市居民旅游出行特征回望

游出行消费意愿发生变化,并进行定量分析的,目前鲜见这方面的研究成果。

本研究分别在 2008 年 9 月、10 月和 2009 年 6 月分 3 次,深入北京的一些旅游景区,在来北京的旅游者中进行调查,共取得来自我国 31 个省、自治区和直辖市的 1 032 份分类抽样的有效问卷。

从样本的人口统计学特征出发,问卷中设计有态度量表题 27 道(从 1~7 分别表示,从"一点也不"至"非常正确"的 7 点量表),对研究对象进行分类抽样调查,以研究其对出游时间选择、出游方式选择、对旅游意愿等影响方面的不同特征。量表的克朗巴哈系数 Alhpa 系数为 0.761,表明量表的内在信度是可以接受的。同时,采用折半信度分析(Split – half)模型,通过 Spearman – Brown 方法对相关系数进行修正,得到总体样本的折半信度为 0.701。说明样本总体内部可靠性较高。

一、现行休假制度影响城市居民旅游出行的聚类分析

本研究以 7 个受影响因子为依据,对 1 032 位接受调查者进行 K – Means 快速聚类分析,在方法上选择"迭代与聚类",经过反复测试,聚类数目定为 5 类,并分别命名,各类别在因子指标中差异显著(小于 0.05),可以推论到总体(见表 5 – 1)。

表 5 – 1 K – Mens 聚类

因子	测量指标	一般型(节约旅游型)	一般型(享受旅游型)	影响较小型	一般型(愿意出游型)	影响较大型
休假制度改变后出游评价(因子1)	总体来讲,休假制度改变对我旅游更有利了	4.16	3.70	2.72	4.71	6.07
	休假制度改变使出游时间选择更灵活	4.14	4.14	2.81	4.95	5.37

续表

因子	测量指标	一般型（节约旅游型）	一般型（享受旅游型）	影响较小型	一般型（愿意出游型）	影响较大型
休假制度改变后出游评价（因子1）	休假制度的改变，我将会把一年中更多的休假时间用于旅游	3.15	3.80	3.18	4.69	5.92
	使出游更便捷	3.78	3.72	2.70	4.65	5.57
	休假制度改变，总体来讲，使我一年中的出游次数增加	4.08	4.15	2.82	4.90	5.98
	休假制度改变，使我有了更多探亲访友的机会	5.21	4.85	3.72	5.13	6.28
出游方式的影响（因子2）	休假制度的改变，使我更愿意自己（或者和家人、朋友一起）旅游	5.93	6.17	4.48	5.53	5.69
	休假制度的改变，使我更愿意参与体验式的休闲度假旅游	4.08	5.21	3.64	4.77	5.73
	休假制度的改变，使我更愿意深度旅游，即每次旅游只去一个地方，仔细玩	4.53	5.36	3.76	4.72	5.50
	休假制度的改变，使我更愿意观光旅游	4.68	4.91	3.39	5.22	5.47
	休假制度的改变，使我更愿意参与民俗、文化旅游	4.72	5.06	3.32	5.03	5.38
	休假制度的改变，使我更愿意参与健身性质的旅游活动	4.46	4.85	3.18	4.29	5.94

续表

因子	测量指标	一般型（节约旅游型）	一般型（享受旅游型）	影响较小型	一般型（愿意出游型）	影响较大型
短途、周边和参团游的影响（因子3）	休假制度的改变,使我更愿意选择短途旅游	5.56	5.62	4.17	4.58	5.65
	休假制度的改变,使我更愿意选择本地周边旅游	5.24	5.24	4.09	4.51	3.70
	休假制度的改变,使我更愿意选参团旅游	2.88	2.40	2.89	4.82	4.62
出游工具选择的影响（因子4）	更愿意飞机出游	2.32	5.24	3.21	4.68	4.78
	更愿意火车出游	4.20	3.31	3.40	4.56	5.29
	更愿意自驾车出游	3.51	5.62	3.94	4.16	5.04
	更愿意选择市内公共交通出游	4.92	3.01	3.34	3.62	4.95
节假日周末出游的影响（因子5）	愿意在周末旅游	3.32	3.72	3.42	5.01	5.00
	愿意在法定节假日旅游	3.32	3.32	3.77	5.33	4.68
旅游成本的影响（因子6）	使出游更拥挤	4.49	4.98	4.45	5.05	4.96
	休假制度的改变,使我的旅游成本提高了,花同样的钱,所旅游到的地方减少了,交通成本提高了	4.10	4.37	4.04	4.41	6.09
带薪年假、休假休息出游的影响（因子7）	愿意在带薪年假旅游	5.29	6.20	4.96	5.45	4.95
	假期中休息和放松对于我来说已经足够了	4.64	3.27	3.44	4.21	5.52

通过表5-1聚类分析结果,实际上本研究可以把现行休假制度影响下的旅游者分成三类,即影响较大型、影响一般型和影响较小型。下面我们就每种旅游者类型的特点进行探讨:

(一)现行休假制度下影响较大的旅游者(该类人群占样本比例为25.7%)

该类旅游者在7个因子中分值大体上在5~6,表明该类旅游者受现行休假制度影响较大,基本愿意接受现行休假制度下各因子指标的变化,对这一制度带来的变化整体上评价比较高,这类人群的最突出特点是出游方式更愿意参与健身性质和体验式的休闲度假旅游,且愿意选择短途和参团旅游方式,却不太愿意选择本地周边旅游,而且对旅游成本比较敏感。该类旅游者中有54%的游客一般花在往返路途中的时间占出游时间比例为20%和30%,通常一次出游的时间一般在3天(27.7%)、5天(18.8%)和7天(13.6%),通常与3人结伴同行(32.4%)。

(二)现行休假制度下影响较小的旅游者(该类人群占样本比例为13.7%)

该类旅游者在7个因子中分值基本上在3~4,表明该类旅游者受现行休假制度影响较小,不太愿意接受现行休假制度下各因子指标的变化,对这一制度带来的变化整体评价较低,该类人群的最突出特点是虽然不大愿意在节假日、周末等休息时间出游,但却比较愿意带薪年假出游,同时对旅游成本较敏感。该类旅游者中有50%的游客一般花在往返路途中的时间占出游时间比例为20%和30%,通常一次出游的时间在2天(14%)、3天(20.2%)和5天(20.2%),一般与3人结伴同行(31.6%)。

(三)现行休假制度下影响一般的旅游者(该类人群占样本比例为60.6%)

该类旅游者在7个因子中分值基本上在4~5,整体上表明该类旅游者受现行休假制度影响一般,对这一制度下各因子指标的整体变化反应一般,在旅游方式上都愿意自己(或者和家人、朋友一起)旅游,都愿意选择短途和周边游。该类人群占样本的大部分(60.6%),根据各自因子的不同特点,可以细分成3类:

1. 愿意出游型,占样本比例为25.5%

该类人群的特点是更愿意在节假日、周末及带薪年假等节假日时间出游,且旅游方式主要是观光游、文化民俗游,愿意选择团体旅游。该类旅游者中有56.2%的游客一般花在往返路途中的时间占出游时间比例为20%和30%,花费时间在所有类型旅游者中最多,这也同该类旅游者的出游特点有关,通常一次出游的时间在3天(26.2%)、5天(23%)和7天(15%),该类型旅游者7日游的出游时间比例比其他类型7日游游客比例都高,通常与2人(26.7%)或3人(26.7%)结伴同行,2010年出游次数在4~7次的比例在其他同类型旅游者中的比例最高(31.6%)。

2. 节约出游型,占样本比例为18.6%

该类人群的特点是更愿意选择市内公共交通和火车作为出游工具,而不愿意选择飞机和自驾车作为出游工具。在旅游方式上,主要是文化民俗游,但不愿意选择团体旅游。该类旅游者中有48.1%的游客一般花在往返路途中的时间占出游时间比例为20%和30%。通常一次出游的时间在2天(18.2%)、3天(33.8%)和5天(16.2%),该类型旅游者3日游的出游时间比例比其他类型3日游游客比例都高,通常与2人结伴同行(33.8%),是2人旅游方式中比例最高的。

3. 享受出游型,占样本比例为19.5%

该类人群的特点是更愿意选择飞机和自驾车为出游工具,而不愿意选择市内公共交通和火车作为出游工具。在旅游方式上,愿意选择体验式的休闲度假游,和深度旅游,且不愿意选择团体旅游。该类旅游者中有54.9%的游客一般花在往返路途中的时间占出游时间比例为20%和30%,通常一次出游的时间在2天(11.7%)、3天(27.2%)、4天(11.7%)和5天(24.7%),通常与3人结伴同行(37.7%),是3人旅游方式中比例最高的。

二、短途旅游便利程度的影响因素分析

2010年就前述总体界定又进行了904个样本的调查。我们将问卷中的15题作为影响短途旅游便利程度的影响因素,共14道题目。首先,KMO值为0.658,巴特利球度检验$p<0.001$,表明14道题目可以进行因子分析。本研究将14道题目进行因子分析,方法为主成分分析法,旋转方法为方差最大法,经过多次测试,因子载荷系数值在0.4以下的题项被删除,归类不当的题目也被删除,共计删除3道题目,最终保留11道题目。11道题共形成3个因子,KMO值=0.623,巴特利球度检验显著($p<0.001$),3个因子共解释总变差45.276%,详见表5-2,3个因子分别命名为旅游公共信息服务,吃住娱购服务和公共设施。其中,旅游公共信息服务因子包括交通标志标识服务、景区景点标志标识服务、旅游投诉服务、短途旅游信息服务四道题;吃住娱购服务因子包括购物服务、餐饮服务、住宿服务、娱乐服务四道题;公共设施因子包括停车、公共厕所和交通三道题。

表5-2 因子旋转成分矩阵

变量	主要因子		
	旅游公共信息服务	吃住娱购服务	公共设施
交通标志标识服务	0.815	—	—
景区景点标志标识服务	0.761	—	—
旅游投诉服务	0.614	—	—
短途旅游信息服务	0.430	—	—
购物服务	—	0.686	—
餐饮服务	—	0.683	—
住宿服务	—	0.613	—
娱乐服务	—	0.574	—

续表

变量	主要因子		
	旅游公共信息服务	吃住娱购服务	公共设施
停车	—	—	0.775
公共厕所	—	—	0.635
交通	—	—	0.529
解释总变差(%)	19.236	15.108	10.932

三、短途旅游便利程度 LOGISTIC 回归分析

将"短途旅游中感受到的总体服务便利程度"作为因变量,变量值分别为"不便利"、"还可以"和"很便利"。上述三个因子(旅游公共信息服务,吃住娱购服务和公共设施)作为影响变量,并将受调查者的性别、年龄、家庭月人均收入、短途旅游目的地、短途旅游交通方式、短途旅游组织形式作为控制变量,建立多分类 Logistic 回归模型,从表 5-3 可以看出,共形成两个模型。从 Logistic 方程的整体性检验上看,-2 对数似然值和卡方值均 $p < 0.001$ 上显著,表明两个模型中回归系数至少有一个不为零,模型整体成立。同时,从 Cox 和 SnellR 方值、Nagelkerke R 方值、McFadden R 方值三个值可以判断,模型整体拟合数据不太理想,但由于三个 R 方值在一般情况下都不会太高,故三个值仅供参考。

表 5-3 短途旅游便利性的 Logistic 回归模型

自变量	模型 1 logit(便利/不便利)	exp(x)	模型 2 logit(还可以/不便利)	exp(x)
常量	-14.150***	—	-5.472**	—
旅游公共信息服务	3.108***	22.376	2.033***	7.638

续表

自变量	模型1 logit(便利/不便利)	exp(x)	模型2 logit(还可以/不便利)	exp(x)
吃住娱购服务	1.998***	7.374	1.174*	3.236
公共设施	2.151***	8.594	0.634	1.903
年　龄	0.011	1.011	0.009	1.009
收　入	0	1	0.000	1.000
[性别=男]	-0.352	0.703	-0.293	0.746
[性别=女]	0ª	—	0ª	—
[目的地=北京地区]	0.917*	2.503	0.739	2.094
[目的地=北京周边七省市]	0ª	—	0ª	—
[交通=自驾车]	1.095	2.989	0.812	2.252
[交通=公交车、火车、飞机]	1.422	4.146	1.220	3.387
[交通=其他方式]	0ª	—	0ª	—
[组织=自助短途旅游]	-0.778	0.46	-0.515	0.598
[组织=非自助短途旅游]	0ª	—	0ª	—

说明：对数似然值=1025***，卡方值=181.617***。

Cox 和 Snell R 方值=0.182，Nagelkerke R 方值=0.247，McFadden R 方值=0.15。

a. 表明该类别为参照类。

*$p<0.05$，**$p<0.01$，***$p<0.001$。

从表5-3的各回归系数Wald检验结果来看，旅游公共信息服务、吃住娱购服务、公共设施三个自变量偏回归系数在$p<0.001$上显著，表明三个偏回归系数可以推论到总体。为了解释上的方便，我们将三个偏回归系数转化成发生比率的形式，它可以测量自变量一个单位的增加给原来的发生比带来的变化。旅游公共信息服务自变量的发生比率exp(x)为22.376，表示旅游公共信息服务每增加1个单位，便利相对于不便利的发生比变化

了 22.376 倍。同理,吃住娱购服务、公共设施自变量每增加一个单位,便利相对于不便利的发生比变化了 7.374 和 8.594 倍。

综上所述,在表 5-3 模型 1 中对便利程度影响最大的是旅游公共信息服务自变量,其次是公共设施自变量,最后是吃住娱购服务自变量。而在模型 1 的 6 个控制变量中,短途旅游目的地变量在 $p<0.05$ 上显著,从发生比率看,北京地区的周边游相对于北京周边七省短途游更加便利。性别、收入、年龄、交通方式和组织方式控制变量在 $p<0.05$ 上不显著,但我们也可以看出这些变量在短途旅游便利程度上的一些分布特点。从性别看,女性游客较男性游客感觉短途旅游更加便利。年龄上随着岁数的增长游客将感觉短途旅游更加便利。收入上随着收入的增加游客感觉不到短途旅游便利程度的增加。就交通方式而言,乘坐公交车、火车、飞机等公共交通工具旅游和自驾车短途旅游相对于其他出游方式而言,都感觉到短途旅行比较便利。而自助短途旅游相对于非自助短途旅游而言,感觉不到短途旅游的便利性。

从表 5-3 模型 2 的各回归系数 Wald 检验结果来看,旅游公共信息服务自变量偏回归系数在 $p<0.001$ 上显著,吃住娱购服务自变量偏回归系数在 $p<0.05$ 上显著,公共设施自变量偏回归系数不显著,表明前两个偏回归系数可以推论到总体。为了解释上的方便,我们同样将三个偏回归系数转化成发生比率的形式,旅游公共信息服务自变量的发生比率 $\exp(x)$ 为 7.638,表示旅游公共信息服务每增加 1 个单位,还可以相对于不便利的发生比变化了 7.638 倍。同理,吃住娱购服务、公共设施自变量每增加一个单位,还可以相对于不便利的发生比变化了 3.236 倍和 1.903 倍。

综上所述,在模型 1 中对便利程度影响最大的是旅游公共信息服务自变量,其次是吃住娱购服务自变量,最后是公共设施自变量。而在模型 2 的 6 个控制变量中,所有控制变量均不显著。短途旅游目的地变量从发生比率为 2.094,表明北京地区的周边游相对于北京周边七省短途游更加便利。从性别看,女性游客较男性游客感觉短途旅游更加便利。年龄上随着岁数的增长游客将感觉短途旅游更加便利。收入上随着收入的增加游客感觉不到短途旅游便利程度的增加。就交通方式而言,乘坐公交车、火车、飞机等公共交通工具旅游和自驾车短途旅游相对于其他出游方式而言,都感觉到短途旅游比较便利。而自助短途旅游相对于非自助短途旅游而言,感觉不到短途旅游的便利性。

从表5-3模型1和模型2的对比来看,三个自变量中,旅游公共信息服务对短途旅游便利性的影响最大,而吃住娱购服务和公共设施变量对短途旅游便利性的影响也比较大。上述结论对于我们提出相应对策建议有一定启示。

从两个模型的控制变量对比来看,两个模型中6个控制变量对短途旅游便利性的影响完全一致。虽然为控制变量,我们并不主要关注这些变量,但两个模型的上述结论仍然为我们改善短途旅游便利性方面提供了一些帮助。如加大对北京周边省市的短途旅游公共信息、公共设施、吃住娱购等方面的服务。

四、休假制度导致旅游出行特征改变的对策研究

(一)从游客的角度

1.有利方面

首先,公民的出游力增强了。主要体现在出游时间的增加和带薪年休假的灵活选择上。其次,公民出游行为实现了多样化。休假时间的年度均衡分布,促使公民由黄金周集中消费转为"分散式"理性消费,更利于选择以放松身心的休闲度假为主题的旅游。到城郊乡村、省内或省际周边城市的短线旅游增多了;自助游、自驾车旅游同样有所增多;带薪年休假和其他几种假期的可选择性组合,使出游方式更加多样化。再次,客源加速散客化。短途旅游、自助的旅游方式增加,必然使散客数量更多;随着时间的推

移,旅游者自身的旅游经验逐渐丰富,将使散客数量进一步增多。最后,家庭成员共同闲暇时间增加,家庭集体出游次数增多。

2. 不利方面

目前,在带薪年休假制度落实情况仍较为不尽如人意的情况下,减少了一个7天长假,使人们的中、长途旅游需求受到抑制。

3. 建议

对游客的建议是,提早规划,合理安排自己的旅游出游时间及线路,特别是在对旅游产品的选择上,为避拥挤,而选择"冷线"出游。这就需要旅游者平时多积累一些相关知识,或多做一些旅游相关知识方面的咨询。

(二)从旅游企业的角度

1. 有利方面

旅游产品开发突出了传统文化的主题。现在的休假制度增加了清明、端午、中秋3个3天假期,相应旅游产品的主题突出了上述3个传统节日的文化气息。中国有许多地区还保持着一些长达百年以上的重大节日民俗文化传统。这些地区基本上全面继承着传统节俗文化的内容和表现形式,地方特色鲜明,节日活动丰富多彩,节日气氛非常浓烈。旅游行业较好地结合了具体节日,推出了一些新的文化主题品吸引更多的游客,让旅游更具有文化内涵和民俗特色。

2. 不利方面

观光旅游景区受到冲击。每年少了一个7天黄金周,以接待远途团体观光旅游者为主的观光旅游景区会流失一部分长线客源。而另一方面,中短途旅游者对重游观光型旅游景区的兴趣不大。

3. 建议

目前,对于绝大多数人来讲,尚无法解决错时休假问题。为此,旅游企业可以通过不断地推出新的旅游产品、旅游线路来引导广大旅游消费者,进行空间回避,即制造人们通常讲的"冷线",以避免或减少游客拥挤,从而提高旅游者在旅游中的愉悦体验。

调整旅游产品结构,以满足散客市场,追求更轻松、舒适的自由行服务和半自助式旅游发展的需求;策划富有创意的旅游产品,着力对其内容进行策划、创新,满足游客日益增长的参与欲望,让游客在参与中体验、在参与中享受、在参与中娱乐;改进产品营销模式,旅游企业可以切实加强自身旅游服务质量,提高游客在旅游前、中、后的满意度,强化游客的体验式营销,让游客能够清楚地认识到购买的旅游产品的价值所在、产品差异、心理满足与自豪,改变过去单纯的产品营销模式,改进为产品和企业品牌的综合营销模式。

(三)从相关政府管理部门的角度

1. 有利方面

本次休假制度改革的总体思路是:变"集中休假"为"分散休假"。从"全民统一强制休假"过渡到"个人自由休假",从而体现出我国休假制度改革的大趋势,即分散化、人性化、民族化、国际化。

2. 不利方面

尽管激活带薪年休假的强力信号已经发出,但在就业竞争日趋激烈、劳资力量严重失衡等现实境况下,人们对带薪休假并不乐观。从带薪休假十几年的孕育过程中,人们也可以看到这项制度实施之难。只有在社会发展到一定阶段之后,强制带薪休假才可能真正开始落到实处。而只有带薪年休假制度惠及所有劳动者时,人们才会享受到向往已久的、非法定节假日的、远离拥挤的旅游度假。

3. 建议

2009年国庆节、中秋节8天假日期间,全国共接待旅游者2.28亿人次,实现旅游收入1 007亿元,其中民航客运收入44.0亿元、铁路客运收入22.2亿元、39个重点旅游城市实现旅游收入422亿元、其他旅游城市和景区实现旅游收入518亿元。上述数据体现了黄金周的可贵和不可替代。因此,

第四章　现行休假制度下我国城市居民旅游出行特征回望

从政府相关管理部门的角度就更应该下大力气来维护黄金周期间的安全有序、保障旅游者的利益。比如2009年的十一黄金周,就"是有史以来安全状况最好的一次,全国几乎没有发生什么事故,这是一个非常安全的黄金周"。关于休假制度的改变,带给人们旅游生活中的变化还很多、还在继续,将伴随着人们旅游行为模式的不断成熟而发生。因此,这是一个发散性、具有持续研究价值的课题。

第三篇

自主旅游出行方式研究

尽管旅游经验还普遍不足、旅游消费意识尚欠成熟，然而已迈入大众旅游时代、且汽车已经进入寻常百姓家庭的中国人，自己的旅游开始自己做主，于是人们不再只单靠旅行社出游。从中我们不难发现，促使旅游者从对旅游产品的盲从到自主的过程，实际上是由于出行方式的改变而带来的革命。

自主的旅游出行方式，即指受自我支配的、自己可以驾驭的旅游出行方式，比如自驾车旅游、房车旅游、自行车旅游、徒步旅游等出行方式。本篇在这一主题下，研究涉及自主旅游各种方式的旅游出行特点、旅游者消费行为特征及其影响因素等方面的内容；以旅行社及汽车俱乐部经营的自驾车旅游为例，对自主型旅游出行方式与非自主型旅游出行方式进行了比较研究；同时对自驾车旅游、房车旅游所衍生出的对高速公路服务区、露营地的服务需求进行了初步探讨。

一位致力于美学、艺术研究的台湾学者曾讲过："行的美学对于刚刚发展起来的城市很重要，要重新找回走路的价值，学会慢下来。"自行车旅游、徒步旅游均秉承这样的理念，一种通过旅游来仔细品味生活的理念。无论是自行车旅游，还是徒步旅游，都是融交通与旅游体验于一体的旅游出行方式，除此之外，还包括邮轮旅游（详见第十一章）、乘坐人力三轮车的胡同游等非自主旅游出行方式，具有行游一体，交通工具承载旅游体验、行即游、游亦行的特点。

第五章 自驾车旅游出行方式研究

一、旅行社与汽车俱乐部经营自驾车旅游的比较研究

伴随着私人汽车的普及,以及旅游者对旅游产品多样化、个性化需求的日益强烈,一种将旅游的乐趣与驾驶的快感合二为一的旅游方式——自驾车旅游已经越来越受到旅游爱好者和汽车爱好者的欢迎;并在国内旅游市场中呈现出明显的快速增长趋势。目前,在这一市场中,从事经营活动的主要是旅行社和汽车俱乐部,他们凭借各自不同的优势在发展、壮大和参与竞争……

(一)研究背景及相关概念的界定

自驾车旅游虽然已有较长的发展历史,但其理论研究也是近些年来才真正引起业内学者们的重视,所以,至今国内外对于自驾车旅游概念的认识仍不尽相同。普瑞迪克斯(Prideaux)等人将自驾车旅游定义为"人们乘私家车或租赁车从原驻地出发至目的地,旨在进行与旅游活动相关的旅行行为"。奥尔森(Olsen)则考虑了时间的因素,认为自驾车旅游是"人们乘坐自己的或者租用、借用的交通工具,离家外出至少一晚上,旨在度假或访问亲友的活动。"国内学者赖斌等人认为:"自驾车游实际上是旅游者以自驾形式开展旅游活动所引起的各种现象和关系"。我们认为,自驾车旅游应是以自驾车为出游方式,以旅游为活动内容及出行主要目的的行为过程。

第五章 自驾车旅游出行方式研究

1. 自驾车旅游的分类研究

从自驾车旅游的分类角度看,我们可以从组织者的不同身份、不同组织目的、自驾车旅游者所使用车辆的属性不同、以及自驾车旅游的完全程度不同来研究。目前,就我国自驾车旅游的发展情况而言,组织自驾车旅游的目的,可以分为以盈利或非盈利为目的的两类,详见图6-1。显然,旅行社和汽车俱乐部所组织的自驾车旅游均属盈利性质。

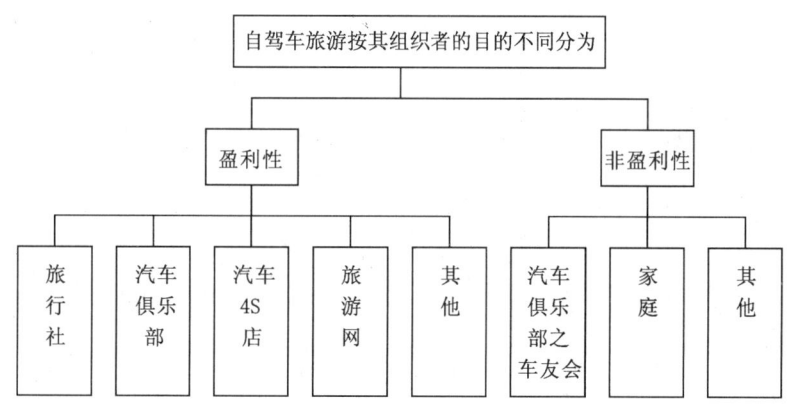

图6-1 自驾车旅游分类图

自驾车旅游按其所使用车辆属性的不同分为使用自有车辆或租车旅游;其中非盈利性自驾车旅游多以使用自有车辆为主,而一般长线行程(300公里以上)多采用租车的形式。自驾车旅游按其自驾车的完全程度不同还可以分为全自驾游和半自驾游,其中前者是指整个旅游过程全部采用自驾车的形式完成,通常适合于中、短线行程;而后者多在长线行程中采用,以节约时间、保存体力,通常是从常住地以飞机或火车等交通方式,先行到达目的省或目的国之后,租车自驾游。

2. 欧美国家自驾车旅游的现状分析

在欧美发达国家,其道路的可通达性强,汽车旅馆等公共设施完备,汽车租赁系统网络化,私人小汽车的保有量高,不同行业间的协作能力强,政府相关政策法规完善,这些因素均支持自驾车旅游的不断发展。

在美国,每年约有1/2的家庭自驾车旅游一次。在法国,雅高集团(ACCORD)属下的汽车经济型酒店客房占总客房数的55%。目前在这些国家中,自驾车旅游就像我国现在参团旅游的情况一样普及,人们对当地的驾车路线以及旅游经验都比较丰富,其旅游消费理念与消费行为均较我国更为成熟。

3.我国自驾车旅游的现状与发展研究

在我国,近十几年来,作为自驾车旅游的基础载体——私人载客小汽车拥有量以年均30%左右的速度增长,预示着我国自驾车旅游发展的巨大潜力,势必会推动自驾车旅游市场的快速发展,详见表6-1。通过全国、全国拥有最多汽车的城市——北京、汽车增长最快的城市之一——深圳私人载客小汽车数量增长变化情况的对比,就可以说明这一问题。同时,我国公路建设的日趋完善,也为自驾车旅游市场的发展提供了先决条件。

表6-1 我国私人载客小汽车拥有量年均增长情况

	年均增长(%)	2001~2005年均增长(%)
全 国	1990~2005年 31.01	31.01
北 京	1995~2005年 30.25	26.38
深 圳	2001~2005年 47.89	47.89

与中国人终于拥有了自己爱车后、高涨的出行热情相比,无论是从吃、住、行,还是从游、购、娱的角度看,大众对自驾车旅游消费观念、意识、知识

的成熟与经验积累,尚待时日。也正因为如此,在我国目前、乃至未来较长的时间里,由专业化企业组织的自驾车旅游将是这一市场的主流。所以最贴近自驾车旅游的两类企业——旅行社和汽车俱乐部自然成为了这一市场的经营主体。

(二)两类企业经营自驾车旅游的优势对比

旅行社与汽车俱乐部在经营自驾车旅游过程中,由于其各自的行业特点不同、历史渊源不同、资源不同,因而具有明显的错位优势特征。

1. 关于自驾车旅游产品

(1)自驾车旅游产品的组织。从旅行社业务范围的角度讲,旅游服务采购业务是其基本业务之一。作为中间商,旅行社是旅游者与各相关旅游服务供应部门或企业的媒介。旅行社的服务采购与旅游者的服务需求相对接,比如交通、住宿、餐饮、景点游览、娱乐等。另外,组团社还需要向旅游线路沿途的各地接社采购接待服务。旅行社的采购价格往往构成了旅行社产品价格的主体部分,所以旅行社在采购机票、酒店等餐饮住宿设施时可以拿到比较优惠的价格。因此,较低的价格也就成为旅行社在组织长线行程产品时的一大优势。

对于长线行程产品的自驾车旅游,由于用时较长,通常要在路上过夜。旅行社则借助其所在行业特点,使其在业内的合作伙伴比较多,这也就在一定程度上打破了空间对自驾车旅游服务的制约,使旅行社能够在长线行程产品方面,充分发挥其行业优势,为自驾车旅游者从吃、住、游等方面提供综合全面的服务,且在价格上还可以让游客得到比参加汽车俱乐部更多的实惠。因此,组织长线行程产品是旅行社的优势。

作为汽车俱乐部,其经营活动应立足于汽车本身,围绕汽车服务开展一系列的经营业务,所以,这就决定了组织自驾车旅游这一非主营业务职能,是为俱乐部拓展其他业务发展服务的。此外,短线行程产品往往在一天内可以完成,无需住宿设施,出游的路线、时间也都很灵活,且组织的频率较高。因此,汽车俱乐部在组织短线行程产品方面尝试较多。

(2)自驾车旅游的性质。旅行社将自驾车旅游视为本社经营的产品,所以也就更加侧重于以此盈利;而汽车俱乐部的目的更多的是为了宣传俱乐部品牌、吸引更多的潜在会员,从而更好地服务于俱乐部的主营业务部门。所以,作为汽车俱乐部会组织相对较多的、带有公益性内容的自驾车旅游活动,比如植树、扶贫献爱心活动等,且满足了活动参与者乐善、感恩、教育下一代的精神与心理需求。

(3)自驾车旅游线路的开发。旅行社在线路的开发和利用上具有更大的灵活性和可选择性。作为旅行社,可以委托与其有合作关系的其他旅行社作为其地接社,以借用其他旅行社的自驾车旅游线路;但汽车俱乐部目前还少有这方面的优势。

2. 关于信息反馈

活动组织的效果如何,参与者的满意度如何等,参与者的一系列信息反馈,无疑对以后活动的开展起推动性作用。在这方面,汽车俱乐部的优势比较明显。在俱乐部活动中,参与者与组织者之间的交流方式比较灵活、便捷,他们通过网络论坛以及与会员之间的直接交流,更容易获取活动参与者的真实想法。在这里,活动的双方可以互相交流和沟通,提出自己的建议,使汽车俱乐部能够及时调整自己的经营活动。

汽车俱乐部都有自己的会员,参与者中有一部分成员是相对固定的,且参与的频率高,这些固定的参与者也往往会由单一参与者的角色向参与者和组织者兼备的身份转变,他们会给俱乐部提出很多精彩的建议,并帮助其组织活动,而他们的意见往往能够准确地体现大多数会员的想法。所以,这对俱乐部线路的开发设计有很大的帮助。

而从旅行社的角度看,多数旅行团都是一过性的组合,无论是自驾游还是非自驾游,意见反馈及其改正机会受到很大程度的制约;此外,多数旅行社的"游客意见反馈表",由于是游客与地陪、全陪、司机面对面地、敞开式地填写,最后由地陪或全陪转交旅行社的,因此,也会影响到游客真实意愿的表达。

3. 对自驾车旅游多目的性的满足程度

对于汽车俱乐部来说,由于是会员制经营,人员相对固定,有利于参与者之间的结交与深度沟通。因此,在满足参与者的旅游目的之外,还可以更好地满足其交流、交友的社交目的。特别是许多汽车俱乐部是以某汽车品牌为集结条件,通常购买同品牌车的人士,会有较为相近的审美追求与消费能力。因而通过参与其汽车俱乐部组织的自驾车旅游,不仅可以进行深度沟通,甚至可以达到分享人脉、丰富人际资源、寻求事业合作等目的。

尽管参与旅行社组织的自驾车旅游几乎无法达到上述目的,但凭借其专业的旅游人才力量,却可以实现参与者拓展视野、丰富沿途相关历史、地理、人文知识的目的。

4. 关于费用

对汽车俱乐部来讲,以 1039 汽车俱乐部为例,由于实行会员制,会员可享受到低价位的救援维修等服务,同时参加俱乐部组织的自驾车旅游也会得到 10%~20% 的优惠,会员每年的年费为 220 元。每次活动的具体费用视活动的行程而定,活动期间的费用价格基本会以市场为导向,参照相应的市场价格。1039 汽车俱乐部的活动费用在同行业中属于中等水平。

除了参加汽车俱乐部所需的会员费外,无论是旅行社,还是汽车俱乐部的自驾车旅游,参与费用都会受到旅游淡、旺季的影响,尤其是旅行社,主要因为其长线行程产品会涉及更多的住宿和餐饮费用。目前,由于旅行社所组织的自驾车旅游难以形成规模效应,因此,费用较高。然而从长远的发展来看,旅行社会随着自驾车旅游规模的改变而显示出其费用低廉的优势。

5. 关于保障程度

旅行社对自驾车旅游的介入,从合同约束、强制保险、人员保障、质量监控、日程安排等方面,进行了全方位的风险规避,恰恰契合了旅游者对安全保障的需求。而旅行社的综合协调能力、突发事件的应变能力与经验、以及日趋严格的细节处理能力,更会使自驾车旅游者感到安心、放心,解决了自驾车旅游者"自驾车"以外的困扰。而汽车俱乐部可以使自驾车旅游在交通行车路线、车辆维护与救援等方面给予保障。

(三)两类企业在经营自驾车旅游中存在的问题与对策

1. 从政府及行业组织的角度

从政府及行业组织的角度讲,应积极地优化自驾车旅游发展的大环境。

(1)通过制定相关政策、法规,建立、健全自驾车旅游管理体系,以规范经营活动。汽车俱乐部最初的经营活动只是专业的汽车技术维护及保养等相关服务,如今私人汽车市场的快速发展,在很大程度上影响了汽车俱乐部的主营业务,并使其转向经营自驾车旅游。作为自驾车旅游不仅涉及驾车,还涉及旅游。从汽车俱乐部经营范围的角度讲,目前,很多俱乐部都将组织自驾车旅游这一延伸服务,作为此类俱乐部增值服务或主营业务,这一现象在引起车主反感的同时,也引发了一些问题,如行业的规范化问题。

作为经营者,应遵守一定的行业规范及行为标准。这样,才能使我国的自驾车旅游得以健康地发展。随着汽车进入家庭,我国自驾车旅游的快速发展,现在已经到制定"游戏规则"的时候了,政府应与时俱进地制定出一系列政策、法规,特别是市场准入标准,比如自驾车旅游运营商的经营许可制度、自驾车旅游领队资格证制度,从而有效地实现对该行业的宏观调控,以保障消费者及相关企业的利益。

(2)通过培养跨行业的复合型专门人才,以提升从业人员的素质,满足市场需求。我们在调查中发现,目前,我国从事自驾车旅游组织与运营的人员中,在旅行社是以旅游管理专业背景的人员为主,大专及以上学历者超过90%,详见表6-2;在汽车俱乐部,则是以汽车销售与维修专业背景的人员为主,大专及以上学历者不及30%。然而从事自驾车旅游经营、管理与服务的人员,应首先具备旅游相关专业知识,这里包括旅游景区、景点的相关知识、旅游线路设计知识、导游业务知识、旅游安全防范知识等;其次,是国内外道路交通相关专业知识,比如国内外的驾照使用、交通法规、汽车租赁知识;还有汽车维护相关专业知识;此外,还要掌握自驾车旅游的现代化装备——诸如GPS设备与电子地图、车载电台与手持对讲机、车载逆变电源的使用知识等,属于跨行业的复合型人才。

在一些地域辽阔、旅游景区多而分散的地区,非常适合于开展自驾车旅游活动,且广大自驾车旅游爱好者对此又有很现实的需求。比如2007年8月某汽车俱乐部就分别组织了其湖南、四川等分会的会员,先行乘飞机抵达乌鲁木齐,再由其新疆分会提供车辆和"导驾"进行半自驾游,其中的"导驾"也只是提供道路的指引与车辆的使用指导服务。显然,在汽车俱乐部所组织的自驾车旅游活动中,少有真正意义上的旅游领队组织和参与,这势必在某种程度上为旅游活动埋下安全隐患;同时,也使旅游者对其旅游吸引物的认知难以充分。

在旅游活动中,领队是一个旅游团队的管理核心。旅行社在对领队的管理上有严格的规章制度,旅游业内对此方面人才的培养上也有规范的流程。如果能够在现有旅游领队培养的基础上,联合交通、汽车专业的专家进行再培训,那么,尽快培养出能够满足市场需求的自驾车旅游领队将是可行的。

表6-2　2005年我国旅行社从业人员受教育程度现状的抽样构成①

序号	分类	教育程度构成(%)
1	小学及以下	0.22
2	初中	0.22
3	高中	1.35
4	中专	4.49
5	大学专科	36.18
6	大学本科	51.24
7	研究生班	4.72
8	硕士研究生	1.57
9	博士研究生	0

(3)通过完善自驾车旅游基础设施和配套服务,以解决自驾车旅游者由自驾车而带来的烦恼。自驾车旅游者总是希望到达一般的旅游团到达不了的地方,看到一般观光旅游看不到的景色。但在实践中,却往往由于公路的标志、标识、旅游地图、停车场等交通信息不详细而不知所措;由于各地交通管理制度的差异,加上驾车者欠缺对车辆的了解,行驶中还会遇到许多意想不到的麻烦。这些问题使旅游的乐趣大打折扣,也就失去了自驾车旅游本来的意义。所以完善自驾车旅游基础设施和配套服务是十分迫切的需求,这就需要市政、交通规划及管理部门的共同努力。

(4)通过加强部门之间的协作,建立相应的协调机制,以进行宏观调控。旅游业综合性的特点决定了其发展有赖于旅游大环境中各部门积极有效的配合;工商部门、公安交管、金融、保险等各部门都应从本地区旅游

---

① 资料源于作者参与的《中国旅游业"十一五"旅行社人才规划》。

业发展的长远利益出发,加强协作,真心诚意地为自驾车旅游者解难。尽管在2006年中国汽车流通协会就已经成立全国自驾游管理办公室,但至今未见实质性举措。因此,应尽快成立专门的自驾车旅游协调机构,进行统一的协调管理,以达到进行宏观调控的目的。

(5)通过加快自驾车旅游统计指标体系建设,以提供宏观调控的基础数据资料。从目前我国的自驾车旅游实践来看,自驾车旅游者较之非自驾车旅游者,具有涉及景区多、活动范围大、旅游消费支出高等显著特征。自驾车旅游的统计调查有利于揭示这一旅游活动对于经济发展的拉动程度;为旅游交通设施的建设规划等提供决策依据。

由于目前自驾车旅游统计的缺失,在管理实践中没有基础数据的支撑,政府与企业均对这一经济活动缺乏定量的认识。现实可行、且避免重复统计的做法是通过抽样调查的方式,对自驾车旅游者人数、车辆数和发展速度情况进行调查,掌握自驾车旅游者的人员结构、花费构成,分析研究自驾车旅游方式对区域经济发展的拉动作用和贡献率;加快自驾车旅游统计指标体系建设,以提供宏观调控的基础数据资料。

2. 从相关行业的角度

(1)旅行社和汽车俱乐部应进行优势互补,通过跨行业联合、弥补各自的不足。旅行社具有优惠的住宿价格,专业的旅游线路开发体系,雄厚的人才队伍,应积极发挥其行业特点和优势,起到龙头的作用;而汽车俱乐部拥有自己的客源,即会员,同时又与他们有最直接的、较为密切的接触,了解市场需求。所以,只有将汽车俱乐部擅长的自驾车和旅行社擅长的旅游有机地结合起来,通过跨行业联合,取长补短,才能将我国的自驾车旅游业带入到一个良性发展轨道上来。早在2003年7月,京华时报社、目标行动汽车俱乐部和中鹤国际旅行社就曾经联合推出了"西域探险"自驾游之旅,对跨行业联合进行了有益的尝试。

(2)饭店行业应加快汽车旅馆的建设,解决自驾车旅游者的后顾之忧。目前,我国的汽车旅馆大致分为两类:第一类是路边店,多以当地路边农户个人开办的旅馆为主,但这些旅馆无论是卫生条件、还是服务水平都不尽如人意。第二类是高速公路边的服务区,它主要服务于那些长途货运司机,为其提供住宿、餐饮、加油、停车等服务。但这类场所数量较少,且只是零星地散落在高速路边上,还远不能满足我国目前自驾车旅游发展的需要。所以,面对如此广阔的市场,饭店业应积极加快汽车旅馆建设的步伐,充分发挥自己的专业优势,解决自驾车旅游者的后顾之忧。

(3)通过规划,使自驾车旅游目的地及景区的建设更具有前瞻性。自驾车旅游目的地的发展,应体现自驾车旅游的游览与服务供给的特点,比如停车场,做好具有前瞻性的统筹规划。旅游景区也应做好相应的自驾车旅游基地的规划与建设,以应对未来房车自驾游的发展。

(4)借鉴国外先进经验,还自驾车旅游者以充分的自由,汽车租赁业的网络化发展要跟进。国外自驾车旅游发达的国家,多以汽车俱乐部为组织形式,以汽车自驾游基地(或称营地)为旅途中转中心,以品牌化、网络化的汽车租赁业为产业服务基础。例如国际上最著名的赫兹租车,素以其高品质的服务为荣,他们使用全球统一的客户服务电话号码,只要客人一报号,10分钟便可服务到位,并可以随时随地还车,非常便捷。我国目前的汽车租赁业还尚未形成产业化,缺乏灵活性和人性化,这使参加长线行程的游客不得不驾车走完整个行程,即使途中存在着一些重复的线路、或体力不支。倘若汽车租赁业的经营在我国也能形成网络化,在不同的地区间、不同的城市间、不同的自驾车旅游基地间形成租赁网络,那么,游客就可以在享受自驾车旅游灵活性的同时,也无须承受驾车带来的疲惫。

专业化的汽车自驾游产业链,应是以旅行社及汽车俱乐部等自驾车旅游经营企业为中心,从汽车生产开始,之后进入汽车租赁业,再到自驾游经营企业,进一步涉及景区、餐饮及汽车旅馆等相关行业。通过政府、有关行业部门的协调,使两类企业都得以规范化发展,优势互补,甚至联合经营。

加速弥补自驾车旅游专门人才的空白,以尽快提升从业人员素质。同时也不容忽视自驾车旅游硬件的建设,扎实推进自驾车基地的建设、服务网络化建设。所以,未来我国自驾车旅游的发展,有赖于旅行社及汽车俱乐部等相关企业的健康发展。

二、我国自驾车旅游目的地研究

(一)我国自驾车旅游者对旅游目的地的需求特征

针对自驾车旅游者,我们于2006年9月通过随机抽样的方法,取得了1 230多位自驾车旅游者的调查资料。本次调查是围绕自驾车旅游者旅游目的地的相关问题展开的。尽管两次的问卷调查都是在北京地区进行的,但被访者中包括了部分由外埠进北京自驾车旅游者。为了更加深入地了解自驾车旅游者对旅游目的地的选择偏好,我们还对北京地区的18家汽车俱乐部的有关负责人进行了访谈式调查。此外,我们通过二手资料,对苏州地区自驾车旅游者的相关信息进行了分析。

1. 自驾车旅游的时间与对旅游目的地的住宿需求特征

统计结果显示,几乎所有被访者都倾向于选择自己安排出游时间及行程计划。说明自驾车旅游计划性不强,表现为出游时间自由,重复次数多,活动半径大,活动安排灵活,多为双周末进行,同时又具有一定的季节性特征。北京地区自驾车旅游者的出游时间集中在周末、法定节假日和自己有自由支配的时间。其中,选择周末出游的比重最大,占32.9%,法定节假日和自己有自由支配的时间比重都占30.15%。这就提示自驾车旅游的组织者和旅游目的地的经营者要重视对周末和法定节假日的利用与合理安排。苏州地区自驾车旅游者的出游时间集中在双周末和与时令农副产品相对应的季节中。

根据调查问卷分析得出:86.5%的自驾车旅游者选择每半年至少自驾车旅游1次,而每次出游的时间大多持续2~5天。由于自驾车者时间的自主性,人们在旅途中逗留的时间变长了,住宿的选择也更多样化了。越来越多的人喜欢体验野营、扎帐篷的住宿方式,亲近自然,节约成本。而考虑到经济与方便的游客,大多选择就近住在当地农家院。对于那些追求舒适的朋友来说,则更愿意选择住在度假村。

2. 对自驾车旅游目的地宣传途径的选择

尽管自驾车旅游者对住宿的选择是多样化的,但对搜集旅游目的地信息的途径却有集中的趋势。北京地区自驾车旅游者通过亲朋好友获得旅游信息的比重是47%,使用互联网获取旅游信息的比重为22%,再次是通过报刊杂志和广播电视获取旅游信息。自驾游者对中介机构和汽车俱乐部的选择都只占了2%。自驾车旅游者最愿意通过亲朋好友获得相关旅游信息,然后是上网搜索。尽管通过中介机构和汽车俱乐部可以获得专业可靠的消息,但出于信任和成本等原因,人们还是更多地选择了信息来源十分有限的亲朋好友,和较为浪费时间且信息未必准确的网络搜索。因此,中介机构和汽车俱乐部应不断完善服务,尽快树立良好形象,使自驾车旅游者真正愿意接受中介机构和汽车俱乐部的服务。

为了更加深入地分析自驾车旅游者了解旅游目的地的途径,我们运用SPSS 软件将这些信息搜集途径(详见表6-3)分别与自驾车旅游者的性别、年龄、职业和收入进行列联分析,观察发现,自驾车旅游者的性别与这些途径的相关性最大。

比如选择通过亲朋好友了解旅游目的地信息的男性占受访男性比重为96.7%,女性占62.8%,说明男性比女性更愿意通过亲朋好友了解出游信息。选择通过互联网了解旅游目的地信息的男性占受访者比重为33.3%,女性为50%,说明女性比男性更倾向于通过互联网了解出游信息。运用同样的分析方法,可以得出女性比男性更倾向于通过报纸杂志获取信息,男性比女性更愿意通过广播电视获取信息等。

表6-3 自驾车旅游者搜集目的地信息途径的性别相关性构成

途径	男性(%)	女性(%)
亲朋好友	96.7	62.8
互联网	33.3	50.0
中介机构	3.3	4.5
汽车俱乐部	6.7	0.0
报刊杂志	20.0	40.9
广播电视	20.0	18.2

因此,相关部门与企业在加快自驾车信息服务建设的同时,还应参考不同性别对各种传播途径的偏好。

3. 自驾车旅游者的消费水平直接影响他们目的地的消费价格

自驾车旅游者的消费水平跟他们出游时间成正比,即出游的时间越长,相对来说花费也就越多。北京地区自驾车旅游者人均花费主要在300元~500元之间,占42%;消费在100元~300元和500元~1 000元的人数都占总体的21%;1 000元以上和100元以下的高端消费群体与低端消费群体所占比重均不超过10%。由此可知,自驾车旅游目的地主要消费群体为中、高消费水平的消费者。

旅游目的地对价格的定位可以参考上述调查统计结果。短途自驾车旅游的消费主要涉及汽油、餐饮与景区门票等项。自驾车旅游者特别注重各地名吃与农家菜,购物场所不固定,消费较为随意,多为价廉物美的土特产品,如农家土鸡、新鲜蔬菜、时令水果等。长途自驾车旅游涉及过路费、道桥费、燃油费、食宿费用、景区门票等,其中过路费不合理和汽油费涨价,令许多自驾车旅游者望而却步。因而旅游目的地的经营者们只有充分考虑协调各方利益关系、根据其消费水平,合理制定目的地的相关价格,才能使其利益最大化,和谐共赢。

4. 自驾车旅游的动机对自驾车旅游者目的地选择的影响

苏州的统计数据显示,自驾车旅游者以家庭自助旅游为主,动机以休闲放松为主。北京地区持度假休闲和观光旅游动机的自驾车旅游者分别占44.8%和40.6%,所以,一个好的旅游目的地应满足自驾车旅游者放松心情的需求。

当问及受访者在北京地区自驾车旅游最想去的目的地时,52%的人回答为郊区。苏州的情况类似。了解发现,苏州拥有丰富的乡村旅游资源,约占全市旅游资源的80%,农业旅游点300余处,散布各地,分布区域约占市域面积的75%,其中水域面积占42.5%,水乡游是一大特色,而成为自驾车旅游者休闲旅游的理想去处。这些乡村的自然风光、农家情趣、新鲜的蔬菜、水果、家禽,等等,都对城市居民作为周末脱离日常城市繁杂生活、而进行短途休闲旅游有强烈的吸引力。由此可见,城市郊区旅游目的地拥有广阔的自驾车旅游市场,广大城市郊区应抓住这一契机,仔细研究自驾车旅游者的心理需求,开发满足其需求的旅游项目。

(二)自驾车旅游目的地应具备的条件

我国目前以城市郊区为代表的自驾车旅游目的地尽管有巨大的市场需求,但也存在着一些不容忽视的问题。例如餐饮住宿方面,档次低,在营业高峰时段里服务质量下降,缺乏成规模、成品牌的接待企业。环境影响方面,自驾车旅游目的地缺乏统一规划、开发无序,汽车排污等破坏了目的地的生态环境。某些地区从自驾车旅游中所获取的收益,远不足以弥补由此而带来的对目的地生态环境的破坏及对当地居民生活的不良影响。

因此,急待出台关于自驾车旅游目的地的规划、开发、经营与管理法规。可喜的是,社会已经开始关注自驾车旅游目的地的建设。2007年8月,中国产业联盟与三家旅游品牌传媒联合,在全国范围内评出了中国自驾车旅游品牌十大目的地。那么,作为自驾车旅游目的地,应具备哪些条件呢?

1. 自驾车旅游目的地应具备的必要条件

自驾车旅游目的地应具备的必要条件包括：通讯设施、设备完善；地图标注清楚；对外发布详细的路书、道路以及景区、景点的标志标识都要求准确、全面、明显；停车位充足，加油便利，汽车维修、接援及时；房车的补给与排泄。

2. 自驾车旅游目的地应具备的充分条件

自驾车旅游目的地应具备的充分条件包括：如汽车旅馆等住宿设施，专为房车自驾游服务的房车营地；汽车租赁服务；景点导游服务等。

通过对我国自驾车旅游目的地的研究，希望能够为相关行业组织或政府部门的决策、为自驾车旅游目的地的规划、开发、经营、管理工作提供参考。

三、自驾车旅游与高速公路服务区的互动式发展

自驾车旅游的发展无疑增加了高速公路服务区的客流，给其服务工作带来巨大压力的同时，也带来了极大的商机。同时，高速公路服务区为了满足自驾车旅游者的消费需求，不断增加服务项目，使其服务更趋于人性化；高速公路服务区提供的比如其周边、沿线旅游目的地咨询、道路问询等便利服务，又进一步促进了自驾车旅游的发展。为此，我们于2010年10月专程赴河北进行了高速公路服务区的调研工作。

河北省高速公路通车里程达3 010公里，形成了以首都北京为中心、省会石家庄为枢纽，覆盖全省，方便、快捷的高速公路网络。全省高速公路正式运营的服务区46个，停车区3个。2001年起率先对高速公路服务区实行星级管理，规范经营管理行为。几年来，使高速公路服务区的形象建设、服务质量和经营管理成效显著，社会效益和经济效益明显提高。特别是在经历了为2008年北京奥运会的服务保障任务洗礼，完善了停车场、餐厅、客房、洗手间等硬件设施，涉奥服务区指示标志均为中、英双语，服务人

员具备一定的英语服务能力,参照国际服务标准,增加服务项目,突出地域特色。涉奥服务区加油站、超市、汽修厂24小时提供服务,餐饮具备24小时营业条件。

　　以河北省五星级的玉田高速公路服务区为例,节假日期间,其日车流量可超过一万辆以上,这么大的车流,相应的日客流量可超过3万人。玉田高速公路服务区为自驾车旅游者提供的服务包括餐饮服务、住宿服务、超市、汽车维修、汽车加油、沿途旅游目的地咨询、道路问讯等服务。其接待高峰期一般是暑期、小长期及"十一"期间,一天中的时间段常集中于13时~16时以及晚间。客人停留时间通常为半小时左右;过去以汽车加油、汽车维修需求为主,现在则以餐饮需求为主。新近还增加了免费的打开水服务、降温消暑、免费提供河北省高速公路服务区分布图和河北省旅游图、地方特色商品展卖以及报刊亭阅览等休闲服务项目。尽管如此,自驾车旅游者认为,物价虽然可以接受,但还是普遍偏高。

第六章

房车旅游出行方式研究

目前在中国内陆,无论是房车生产,还是房车旅游都正处于起步阶段;然而其增长速度是喜人的,并在不断加快。因此,与之相关的政府管理部门、房车生产及房车旅游经营企业,对房车旅游消费市场的了解,并掌握房车旅游者的消费意愿和消费趋势,就变得非常必要和重要了。

一、中国内地房车旅游发展现状

一定时期、一定地区人群的消费意愿产生,是以其相关产业的发展现状为基础的。而多数中国内地旅游者对房车旅游的消费向往,源于中国内陆房车旅游在近年来的快速发展,更是以房车生产的不断发展为基础和前提条件的。

(一)中国内地房车生产发展的现状

最初于20世纪90年代中后期,分别有深圳和山西的两家公司,率先尝试了房车生产,但均未成功。之后,中天高科投资5.2亿元人民币,建设了亚洲最大的房车生产基地。目前,从事房车生产的企业超过10家,遍布北京、河北、山西、陕西、吉林、江苏、广东等省、市。房车品种多样,销售价格多在20万~30万元人民币之间;其中,近来开发的经济型房车,其售价更是能够低至5万元人民币。据2007年的资料显示,中国内地的房车保有量接近2 000辆。毫无疑问,这样的产、销状况,为房车旅游在中国内地的发展奠定了基础。

（二）中国内地房车旅游发展的现状

有了性价比良好的基础产品,自然会引导消费。所以从1999年开始,陆续有金黄河旅行房车有限责任公司、北京今日新概念汽车租赁公司、中天行房车俱乐部、车行天下房车俱乐部等,从事房车租赁和房车旅游的经营业务。作为旅游企业,中国青年旅行社总社,于2002年率先组织了房车旅游。之后,在云南、海南、陕西等省也不断有旅游公司加入这一行列。

从租赁价格看,多数国产房车租价为1 000元人民币/天·辆;其中,多数进口房车租价为2 000元人民币/天·辆,一些国产经济型房车,在旅游淡季的租价可以降到600元人民币/天·辆,甚至300元人民币/天·辆。

房车旅游离不开其营地的支撑。中国内地于2003年加入了世界汽车露营总会,并开始着手规划露营地建设。中国露营协会计划围绕"两线三圈"(即由首都经济圈、长三角经济圈和珠三角经济圈构成的东南沿海线,以及丝绸之路国际精品线)推广建成50~100个国际标准营地。其中北京建成5~10个。规划在2008年内,把房车露营地网络遍布全国主要风景旅游区、自然保护区,建成1 000个国际标准化房车露营地。从地区来看,则海南省的营地建设相对完备。从相关企业来看,总部设在北京的中天行房车俱乐部,是中国内地首家旅行房车俱乐部和目前唯一具有全国性服务网络的专业化旅游房车公司。

中国内地目前主要以俱乐部的形式向旅游者推广房车旅游,旅游者大多采用租赁房车的方式出游。据统计,北京四家房车俱乐部近年组织了多次房车旅游,会员发展超过5 000人。不过,单纯以旅游为目的而购买房车的个人或家庭还很少。除了北京、海南等地外,其他地区房车租赁公司,以及参与房车旅游的人数也都较少。

二、中国内地房车旅游消费意愿调查分析

尽管目前真正参与过房车旅游的人数还不多,但这并不代表人们没有

第六章　房车旅游出行方式研究

参与其中的意愿。为此,我们于 2007 年上半年对北京市民及来京的国内旅游者共 754 人,就他们对房车旅游的认知程度、消费意愿、消费趋势进行了问卷调查。

（一）房车旅游消费意愿

关于对房车旅游的了解情况,总共 65.8% 的受访者表示"非常了解"、"一般了解"或"了解一点"。总体平均了解程度为"了解一点"。但在受访者中参与过房车旅游的人数仅为 4.4%;在这些人中,近一半的人是在北京参与的房车旅游,而另一半人中,在外埠和国外参与的,也基本各占一半,表明北京的房车旅游发展和北京人对房车旅游的认知程度都相对较高。尽管体验过房车旅游的人数还不多,但确定愿意参与这一旅游活动的却大有人在、超过 60%（如图 7 - 1 所示）。

（二）房车旅游消费意愿相关性分析

房车旅游的意愿与房车旅游者的收入水平呈正相关关系（详见表 7 - 1、7 - 2）,即收入越高,消费意愿越强烈;与年龄呈负相关关系（方法同前,表格从略）,即年轻者意愿更高。相对来讲,已拥有私家车的受访者参与房车旅游的消费意愿,比尚未拥有私家车者更为强烈（详见表 7 - 3、7 - 4）;接受过高等教育的人、较之未接受过高等教育的人更愿意尝试房车旅游（方法同前,表格从略）。此外,旅途长度、时间长短、结伴人数多少、费用高低等对房车旅游的消费意愿没有显著影响。

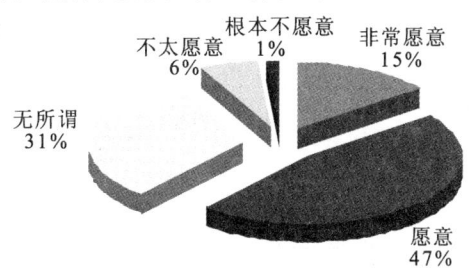

图 7 - 1　房车旅游消费意愿

表7-1 模型摘要

模型	R	R^2	调整后的 R^2	估计值的标准误差
1	0.108[a]	0.012	0.009	0.84819

a. 预测值:(连续),月收入

表7-2 系数[a]

模型		非标准化系数		标准化系数	t	显著性
		B	标准误差	Beta 系数		
1	(Constant)	3.501	0.084		41.506	0.000
	月收入	0.076	0.033	0.108	2.279	0.023

a. 因变量:意愿_R

表7-3 分组统计分析

有无私家车		样本数	平均数	标准差	均值的标准误差
意愿_R	有	177	3.7910	0.77337	0.05813
	无	272	3.5919	0.88801	0.05384

表7-4 独立样本T检验

		方差齐性检验		方差齐性T检验						
		F	显著性	t	自由度	双侧显著性	平均差值	差值的标准误差	差值的95%置信区间	
									下限	上限
意愿_R	方差齐性假设	4.897	0.027	2.440	447	0.015	0.1990	0.08158	0.03873	0.35937
	方差不齐假设			2.512	411.051	0.012	0.1990	0.07924	0.04329	0.35481

第六章 房车旅游出行方式研究

(三) 吸引旅游者参与房车旅游的要素

拥有私人空间、自主性、舒适、便捷、新奇、时尚等因素,依次是吸引受访者参与房车旅游的主要原因。其中,一半受访者表示会在路程较长的情况下选择房车旅游;1/4 的人则认为会在交通成本大时考虑房车旅游,也就是说,他们认同采用房车的形式、与采用其他交通方式的旅游相比更为经济;还有 18.4% 的人希望在同行出游人数较多时选择房车旅游,因为他们已经意识到,房车旅游可以营造出家人、朋友等同行者相互交流、沟通、关爱的轻松环境和温馨氛围。

(四) 参与房车旅游的形式选择

如果能够参与房车旅游,参与者更愿意自己亲自体验驾驶,而只有 11.9% 的人希望请专业司机驾驶。从出游形式看,超过一半的受访者希望外租房车自助游(详见表 7-5),反映出新游牧生活的流行趋势,对于久居都市而又羡慕"采菊东篱下"洒脱生活的人们,能够亲身略微体验"斜风细雨不需归"的惬意,房车旅游更是一种完美的选择。

表 7-5 对房车旅游出游形式的选择

		频次	百分比	有效百分比	累积百分比
有效	外租房车自助游	247	54.4	54.4	54.4
	外租房车半自助游	147	32.4	32.4	86.8
	自购房车自助游	48	10.6	10.6	97.4
	自购房车半自助游	12	2.6	2.6	100.0
	合计	454	100.0	100.0	—

(五) 房车购买意愿

尽管多数受访者表示愿意参与房车旅游,就目前来讲,还是有 80% 的人表示不会购买房车。但如果他们购买房车的话,其注重因素依次为房车的设施、价格、性能、安全、外观等方面;他们基本都希望与四五个人一起共同参与房车旅游。

(六)房车旅游消费特征趋势估计

通过对旅游者未来房车旅游消费意愿的抽样调查数据,进行误差估计后的结果(详见表7-6)显示:在未来房车旅游消费中,旅游者可以承担的平均每人次房车旅游花费为1 000~1 200元;认为一次出游天数在6~7天为宜,即房车旅游花费平均在140~200元/人天;认为同行人数以4~5人为宜;认为旅途长度在400公里以上才更愿意、更适合采用房车旅游的形式;考虑到目前的物价形势与房车旅游消费的现实,那么,支撑房车旅游的经济基础应在7 000元左右的月收入水平;"美国人的今天就是中国人的明天",未来几年将是中国内地房车旅游快速发展的时期,我们通过本次研究认为,尚需8年左右的时间,房车旅游将会流行。

表7-6 房车旅游消费特征趋势估计

有效	平均每人次花费(元)	一次出游天数(天)	同行人数(人)	旅途长度(公里)	支撑房车旅游的月收入水平(元)	几年后流行(年)
AVERAGE	1117.76	6.40	4.71	454.27	7002.78	7.84
STDEV	881.90	3.56	1.78	338.79	4099.39	4.72
n	594	695	523	564	719	696
$\Delta_{\bar{x}}$	70.93	0.26	0.15	27.96	299.69	0.35
MIN	1046.83	6.14	4.56	426.31	6703.09	7.49
MAX	1188.69	6.66	4.86	482.23	7302.47	8.19

说明:$F(t) = 95\%$,$t = 1.96$

三、制约中国内地房车旅游发展的因素与发展建议

任何事物在其发展初期,都会遇到这样或那样的困难,存在相当多的阻碍因素;这就需要相关政府部门和企业共同努力,逐步地解决这些制约因素;同时,房车旅游也会伴随着这些问题的解决而加速发展。

（一）制约房车旅游发展的因素

通过本次调研表明,制约中国内地房车旅游发展的因素依次为房车旅游服务不健全、旅游者的旅游常识与经验不足、费用过高、安全问题、信息收集困难、驾驶技术问题等。

（二）关于发展的建议

1. 针对房车旅游服务不健全问题的建议

关于房车旅游服务不健全问题,我们认为是目前制约中国内地房车旅游发展的最大问题。首先,最擅长从事旅游服务的企业——旅行社,就目前来讲还很少介入房车旅游。而由于尚未形成规模效应,现已进入房车旅游经营的房车俱乐部和房车露营地企业,多数也很难取得预期效益。对于中国内地房车旅游来讲,最需要的服务是房车租赁服务和房车露营地服务。

（1）进一步发展和健全房车的租赁服务。相对于购买房车而言,由于受到支付能力较低、房车使用率较低、房车闲置时停车困难等因素的影响,那么,中国内地房车旅游者主要还是采取租车出游的形式。所以,首先应进一步发展和健全房车的租赁服务,使潜在的房车旅游者的消费意愿变成现实,使他们想租车时知道到哪里去租、租得到、租得方便、租得起。这就需要各地的房车生产企业、房车俱乐部、乃至于旅行社,跨行业、跨地区地共同协作与努力。应尽快地成立专门服务于房车旅游的全国性协会组织,在地区间、不同行业的企业间、消费者与服务商之间起到中介、协调、管理等方面的服务作用。在发展和健全房车租赁服务时,已经进入的企业还要特别注重树立自己的品牌,以增强竞争力,巩固和扩大市场占有率。

（2）进一步发展和完善房车露营地的服务。尽管在一些房车生产、经营企业和相关组织的努力下,中国内地已经拥有和正在建设相当数量的房车露营地,但与房车旅游的流行趋势相比、与幅员辽阔的疆域相比、与丰富的旅游资源相比,无论在数量上、档次上、布局上还都存在着差距。这里,首先应从中国内地的露营地总体规划入手,以前瞻性地避免布局上的缺失和重复建设。毫无疑问,这应当是政府的责任。其次,除了前已提及的企业和组织以外,还应包括旅游景区的管理和经营部门,可以根据自身实力、所处的地理位置等情况发展和完善不同层次、不同服务功能的营地。有实力的企业则应加强网络化建设,建立房车租赁网络、会员网络、营地网络一体化经营管理模式,最终形成全国性房车旅游服务网络体系。

(3)进一步拓展房车旅游服务的视野。鉴于一些旅行社和汽车俱乐部已经组织过多次汽车自驾出境游的经验积累,因此,有条件的旅行社和房车俱乐部也同样可以推出房车旅游出境游。与此同时,还可以在已建成的、具有国际化标准的露营地基础上,设计房车旅游的入境产品。房车旅游的出、入境,均属于房车旅游中的高端产品,从而能够进一步有效地提高相关经营企业的利润空间。

2. 针对旅游者的旅游常识与经验不足问题的建议

(1)加大宣传力度,培训消费者、培育消费市场。房车旅游经营企业和相关组织机构都应尽快着力进行广告宣传、信息平台建设,出版包括"中国内地房车露营地分布地图"等在内的房车旅游相关读物,经常组织面向公众的免费房车旅游专题讲座和咨询服务等,以培训消费者、引导消费,培育房车旅游消费市场,从而也能够较好地解决旅游者对房车旅游信息收集困难的问题。

(2)加强组织服务。与超过60%的受访者愿意参与房车旅游的热情相比,无论是从吃、住、行,还是从游、购、娱、乃至安全的角度看,大众对房车旅游的消费观念、意识、知识的成熟与经验积累,尚待时日。也正因为如此,在目前、乃至未来较长的时间里,由专业化企业组织的房车旅游将是这一市场的主流。

3. 对费用过高问题的探讨

(1)从房车生产及房车旅游经营方面来考察费用问题。随着国产房车在房车租赁市场中逐渐占据主流地位,则总体房车旅游的费用水平会相对下降。同时,伴随房车旅游的不断发展,相关企业的经营规模不断扩大,也必定会使成本降低,为总体房车旅游的费用水平下降提供了前提条件。

(2)从房车旅游消费者的角度考察费用问题。从政府的宏观政策面来看,为了保持国民经济平稳、快速地增长,也是为了进一步改善民生的需要,近年来强调要增加消费对经济增长的贡献,特别是通过促进居民家庭消费拉动经济增长。为此,政府在逐步提高居民收入在国民收入分配中的比重,提高劳动报酬在初次分配中的比重。

随着政府改善民生各项政策的进一步落实,收入分配格局的不断调整,居民收入会不断增加,可以预计,未来的居民消费还会保持较快的增长势头。2007年前三季度城镇居民人均可支配收入,扣除价格因素,实际增长13.2%,增幅高于2006年同期3.2个百分点。再加上社会各项保障制度不断加以完善,减轻了居民未来支出的压力,相应增加了当前消费的支付能力。

居民可支配收入的增加,会促使消费结构的升级换代及消费热点的形成。比如休闲产业的崛起。据悉,近年来,每到"黄金周"都有近70%的城市居民选择了农村游和休闲游。而房车旅游市场的大小,恰恰取决于休闲游游客数量的多少。同时,一些产业链较长的、与休闲相关的产品消费也保持了较快增长,比如2007年前三季度汽车类商品销售增长38.1%。

因此,伴随着居民支付能力的提高、消费理念的转变,以及消费结构的升级,会有越来越多的人能够消费得起房车旅游。

4.关于安全问题

房车旅游的安全问题也是一个不容忽视的大问题。为了确保安全,建议从以下几个方面入手:

(1)尽快建立、健全与房车旅游出行安全相关的各项法律、法规,给房车旅游的安全以法律和制度的保障。这样,无论是经营者,还是消费者,都能做到有法可依。

(2) 加大房车旅游安全的宣传力度,强化房车旅游安全教育与培训,增强房车旅游从业人员和旅游者的安全意识,并使其掌握必要的安全知识。出于安全的原因,目前大部分公司出租的房车还不许租车人自行驾驶,这自然与房车旅游者的消费意愿相违背。还有一些企业提出"C本(小轿车驾驶证)驾车、自由驰骋",可以通过适当的培训来解决房车的驾驶技术问题,以保障安全。

(3) 加强对设施安全的管理。相关的企业、组织、行政管理部门应各司其职,以保障车况、路况、房车露营地设施等方面的安全。合理安排、布局和值守车辆维修站、旅游救援救助站和医疗急救中心等。

(4) 在目前房车旅游保障体系不健全、房车旅游者普遍缺乏经验的情况下,应强化组织工作,尽量采取组织出游的方式。

(5) 由于房车旅游还会涉及车的安全、道路交通的安全和野外露营的安全等方面,因而其安全问题较之其他旅游形式就更为复杂,保险,无疑是保障房车旅游安全的又一道防线。

随着中国内地居民收入水平的提高,已经有相当一部分城市居民具备了房车旅游消费的经济基础;同时,他们的房车旅游消费意愿强烈。那么,如何进一步把这些消费支付能力与消费意愿变成消费现实,有赖于这一产业链(房车制造商→房车旅游中介服务商→房车露营地→房车旅游消费者)上的各方、特别是有赖于旅行社及房车俱乐部等相关企业的共同努力和健康发展。

四、房车露营地的发展

露营地的篝火、纯净的田野、粗犷的烧烤,一时间,令人心头充满关于大自然的美丽遐想。通常情况下,拖挂式房车(如图7-2所示)没有自带动力,它们是房车露营地中的居民,对于喜爱亲近自然的家庭来说,是必不可少的露营装备。

第六章 房车旅游出行方式研究

图 7-2　房车露营地

上图拍摄于 2010 年 7 月瑞典哥德堡附近的房车露营地,其中停靠的均为拖挂式房车。

第一次世界大战结束后,美国人开始将汽车引入露营和旅游生活,将帐篷、寝具、厨卫设备加到家用轿车上。20 世纪 30 年代后,人们开始将飞机上的技术应用到房车上来,房车便告别了粗糙的改装车时代,成为了一种独特的交通工具。据美国房车工业协会 2010 年的统计数据,美国是目前世界上使用房车最多的国家,而房车旅游爱好者人数更达到惊人的3 000 万,家庭房车拥有率将近 10%。

房车旅游最吸引人的地方当属融进大自然的露营地。房车露营不仅满足了游客的享乐需要,也是一种健康、环保的旅行方式。作为休闲文化,补给显然不是房车露营地最看重的,更重要的是休闲,那么露营地环境如何也就直接影响到其受欢迎的程度。根据所处环境的不同,通常将房车露营地划分为以下六种类型:山地型房车营地、海岛型房车营地、湖畔型房车营地、海滨型房车营地、森林型房车营地、乡村型房车营地。在美国的公立和私有露营地大约有1.65万处,它们各具特色的独特魅力使美国的房车露营旅游内容极其丰富。欧洲在世界房车工业排行榜上居于第二位,全欧的露营地在2.5万个左右。在露营地方面,我国也有了长足的发展。截至目前,中国内地已在绝大多数省、市、自治区都建立了房车露营地。像北京这样房车发展较早的城市,已在其各郊区县建立了房车露营地。

第七章

自行车承载休闲及旅游体验的出行方式研究

"开车太快,走路太慢,只有自行车,才能留住人生的美丽。"著名的捷安特董事长如是说。

自1863年自行车被发明以来的200多年,它从一种奢侈品(只有收入很高的家庭才能拥有),到1900~1920年,开始被大批量生产,逐渐由奢侈品演变成价格较高的普通商品,成为一种日常交通工具。随后的30年,由于工人收入提高和自行车价格下降,它最终成为普通家庭的生活必需品,工人们可以把自行车当成日常交通工具和休闲用品,其普及率空前提高。1950~1970年,随着资本主义国家工业化的进一步发展,汽车以其快速、便捷、承载能力大等优点获得了大众的青睐,人们收入提高和汽车价格下降致使自行车销量的下降。自行车被一度认为是缓慢、落后的代表。直到1972年,自行车的销量在美国第一次超过汽车。显然,工业革命最大的机械产物就是汽车,而自行车几乎是同一时间被带入了人类社会,而最早的自行车旅游也源于欧洲,无论是它的雏形,还是它现在所具备的任何形象,最早的自行车旅游专业机构可以被认为是位于英国皮克区国家公园南边的摩兰德旅游区。20世纪80年代末,该区政府看到本地区临近国家公园的地理区域优势,计划使该地区建成一个离城市较远,以体育活动为主的假日旅游目的地。于是该政府通过投资、招商等举措,在该地区构建了能满足游客需要的步行、自行车骑行等旅游活动的环境。

自从欧洲人发明自行车以来,很长时间内其功能主要是用做代步,这种交通工具的功能至今还在为人所用,如我国就仍然还是世界上制造、使用自行车最多的国家。但在欧美等经济发达国家,自进入汽车时代后,自行车的代步功能逐渐弱化。家庭普遍拥有汽车后,人们的营养增加、体力活动大大减少,而这时自行车作为健身休闲的一种工具,又再次为人们所青睐,自行车旅游逐渐发展成为一种专业旅游产品。

一、国外自行车旅游的发展

在美国和欧洲的很多国家,自行车旅游占整个旅游市场的5%~10%,在英国,自行车旅游每年有6.35亿英镑的营业额,自行车旅游行业已被认为是该国旅游业中发展最迅速的部分。美国的自行车旅游代理商从20世纪80年代末的12家增至目前的100多家。目前,很多国家和地区都非常重视自行车旅游这一新兴的旅游形式。

1999年,200多万自行车旅游者在美国缅因州的直接消费达3 630万美元,其中,一日游骑游者人数占98%,消费总额为3 000万美元。自行车旅游相关行业所支付的工资薪水总额相当于提供了平均工资水平的全职工作岗位1 200个,测算缅因州经济情况,该州自行车旅游市场规模已达6 680万美元。

2003年10月6~12日在加拿大安大略省汉密尔顿举办的世界公路自行车锦标赛,给该省带来了大约4 800万加元的经济收入,其中包括汉密尔顿地区3 100万加元,和该省其他地区1 700万加元的简介收入。举办期间,该省相关行业已为此次赛事共提供了527个就业岗位,支付1 390万加元工资,对该省国民生产总值的最终贡献达2 030万加元。

荷兰修建了一条条自行车高速公路,大力发展自行车出游。自行车高速公路是指路面平坦、宽阔、专门用于骑自行车的城市间交通线路。这些专用通道两边虽然不是全封闭的,但全程没有交叉路口,因此不用设红、绿

第七章　自行车承载休闲及旅游体验的出行方式研究

灯。路上禁止行人及汽车行走或行驶,这使骑车人能以极快的速度在两个城市间来往。荷兰虽然国土面积较小,城市间距离较短,但是地面平坦,除正在大力发展的自行车高速公路外,还有数万公里的自行车车道遍布城镇乡村。荷兰也因此被誉为世界上唯一的"骑车人的天堂"。据相关数据统计,荷兰拥有的自行车数量,已同该国人口相当。在荷兰民众出行方式中,自行车的比例已接近四成。由此可见,在各级政府的大力提倡下,居民已将骑自行车作为个人不可或缺的日常便捷出行方式。荷兰尽管国土面积狭小,但是交通安排非常合理。

在英国,骑车出行成为了英国富人的新时尚。据英国《每日邮报》报道,英国交通部所做的一项全国出行调查结果显示,英国人越有钱,他骑自行车的里程就越长。调查发现,与英国最贫穷的 1/5 人口相比,该国最富有的 1/5 人口,年均骑自行车出游的路程长度是前者的 5 倍。英国自行车推广组织"骑行英格兰"的负责人介绍,全英国自行车销量已从 2000 年的 280 万辆增至 2006 年的 350 万辆,伦敦的骑车者人数自 2000 年以来已上升 83%。英国最近一项研究同时表明,经常骑自行车的人健康状况相当于比自己年轻 10 岁的人,而那些到了 30 多岁仍坚持定期骑车的人,则可以使自己的预期寿命平均增加两岁。

如今,自行车旅游在美国和欧洲国家已经发展得比较成熟。自行车旅游主要表现为以下四种模式:

1. 竞技体育模式

旅游者主要由专业自行车竞技选手构成,他们每年巡回世界参加各类著名自行车专业赛事,如法国环法自行车赛。

2. 周末郊游模式

这种模式基本上属于大众化休闲活动,参加人数最多,常于周末或假日进行,旅游者多为青年及有小孩的年轻夫妇,常常是结伴或举家自助出游,其游程较短,目的地限于城郊公园、乡野,基本上为当天往返的短途旅游。

3. 户外探险模式

旅游者主要由喜爱户外极限运动的人员组成。其旅行全程均使用自有自行车作为交通工具,游程较长,一般均为10天以上;覆盖地域较广,多横越数个省份和地区;日均骑行强度较高,车辆的维护主要由自己完成。

4. 团队旅行模式

这种模式的自行车旅游者人数较多,主要由中等收入的消费者构成。他们选择自行车运动,不是为了激烈的竞技和探险,而是作为一种休闲和健身的方式。游客构成以中、老年人为主,主要表现为团队出行,通过业余自行车协会或专业旅行社组织安排行程。

二、国内自行车旅游的发展

在西方旅游者的印象中,中国的形象一度是和自行车叠印在一起的。从某种角度说,去世界上最大的自行车王国中国进行骑车旅游,至今对欧美游客仍有一种天然的号召力。不少旅行商和游客反映,在中国骑自行车旅行,"将使你有幸加入1.4亿人的中国骑车大军"、"对于从小被汽车座位安全带绑着长大的西方人,是一种无可比拟的乐事"、"对于好奇的旅游者,是探索和体验中国最好的方式"。中国幅员辽阔,地形、气候多样;历史悠久,文化积淀深厚;发展各异,生活形态丰富;人民友好,民风淳朴好客;氛围特殊,骑车人群众多;交通改进,生态环境更好。以上优势说明,中国发展自行车入境旅游的条件是优越的。

20世纪80年代初,我国自行车旅游产生初期,这种新兴旅游方式的主要参与者是在校大学生,当时的自行车旅游也叫体育旅游项目,大学生们更偏向于乡野间的自行车旅游。随着社会的发展,人们对身体健康的重视,这种健康旅游开始受到人们的关注。虽然很少有旅行社设计自行车旅游线路,但在国内出现了很多自行车骑行俱乐部,为爱好自行车运动的游客设计旅游线路,让人们在运动中体验旅游。我国现阶段自行车旅游的出

第七章 自行车承载休闲及旅游体验的出行方式研究

游组织,以个人、骑行俱乐部、环保等非政府、非营利组织为主。

国内城市自行车旅游开展得最早和最好的是杭州市西湖风景区。从 2008 年 5 月杭州市在全国率先运行了一个公共自行车活动。杭州市民只需要凭借公交集成电路卡(IC)或者开通公交功能的市民卡就可以办理租赁自行车包括还车的业务,外地游客也可以在固定的公共自行车租赁服务网点进行办卡和租赁业务。杭州市确保在中心区域内 300 米以内,其他地区 500 米以内都可以找到公共自行车的租车站点,而且在不断加密。截至 2009 年 10 月 10 日,公共自行车的日租用量达 20 万辆,也就是每天有 20 万辆自行车租出去和还回,到目前为止,杭州市公共自行车系统达到 90% 以上的免费租借率和 90% 以上的满意率。

自行车旅游在中国的发展还处于自发、自然的原始状态。旅行社一般不愿介入自行车旅游,究其原因,主要是利润低,自行车旅游在旅游的六大要素中"行"的方面几乎没有利润,企业的投入与产出不相等,还有危险性大,自行车旅游的危险系数比较高,旅行社承担的风险大。

从调查情况看,北京市居民近一年来参与自行车旅游的次数在 2~3 次,其中单纯自行车旅游的平均次数为 1 次,非单纯自行车旅游的次数为 1~2 次,进行自行旅游的平均年龄在 35~45 岁之间,人均在自行车旅游上的花费为 316 元/次。

三、国内参与自行车旅游的群体行为特征

(一)群体构成

目前,收入日增的国人,已开始厌倦赶场般的团队游,健康、时尚、个性化的旅游方式逐步深入人心,骑车游也已随之逐渐获得推广。国内最推崇骑车游的主要是四类人群:其一是高校学生。国内不少高校都组织了自行车协会,经常开展各种形式的自行车旅游。比如最近两年就有北京大学和华中科技大学的学生组团骑车环游海南岛。此外,非协会组织的高校骑游

学生更多。这些学生虽然现消费力不高,但他们必定将是未来高端旅游消费的主力。其二是白领阶层,情况与高校学生相似,只是他们的消费力强很多,且相当一部分人的爱好就是大学时期培养的。其三是不服老的退休职工们,为弥补没看到祖国大好河山的缺憾,更为强身健体,纷纷结伴出游;其四是来华旅游的外国游客,如长三角地区就有不少欧美背包客租自行车出游,其消费实力较强。总之,适合进行自行车旅游的人群是很广泛的。

(二)选择自行车旅游的影响因素

我们于2010年11月在北京居民中进行了随机抽样问卷调查,共取得有效样本486个。

调查表明,在486人中,有379人喜爱自行车旅行,占总数的78%。而不喜爱自行车旅行的有107人,占总数的22%。因成本低而喜爱自行车旅游的人数过半。这表明,自行车旅游的低成本特点对旅游者的吸引力确实是很大的。调查还表明,自行车旅游参与者在旅游中的平均花费为316.42元,其中87.7%的参与者花费在500元及以下,而我国一般城镇居民一次出游的平均花费为730元左右。可以看出,自行车旅游并不属于高端旅游消费,这对自行车旅游的普及和推广是极其有利的。

因低碳、因健身、因亲近自然、因自由、因成本低、因爱好而选择自行车旅游的线性相关在0.01的水平下显著。自行车旅游参与者的行为动机都是相似的、稳定的。因而动机因素的稳定性也成为自行车旅游的一大特征。调查结果还显示,自行车旅游参与者以20~59岁的青、壮年人士为主,由此可见,自行车旅游对参与者身体素质的要求成为它的一大特征。

此外,通过对受访者近一年参与自行车旅游的次数和受访者近一年参与单纯自行车旅游次数进行回归分析认为,大众进行自行车旅游的主要方式是单纯的自行车旅游和非单纯的自行车旅游,这两种自行车旅游方式影响了大众近一年参与自行车旅游的次数。

第七章　自行车承载休闲及旅游体验的出行方式研究

（三）因子分析

在对态度量表的 20 个题项进行信度分析时，Cronbach's Alpha 系数为 0.729，表明是可以接受的。在效度分析中，KMO 检验值为 0.764（详见表 8-1），可以看出，所选中的 20 个变量适合进行因子分析。

表 8-1　KMO 与 Bartlett 的球形检验

KMO 值		.764
Bartlett 球形检验	Approx 卡方	2312.276
	自由度	190
	显著性	.000

对所提取的 20 个变量进行因素分析，所选取的因子为特征值大于 1 的变量，总累计解释率为 59.133% > 40%，可以进行因子分析，而且符合条件的有 6 个因子（详见表 8-2）。分析表明，北京人的自行车旅游行为受到动因、政策、车型、必要设施、适合人群、安全等六方面因素的影响与制约。

表 8-2　旋转成份矩阵[a]

变量 \ 组成因子	组成因子					
	动因	政策	车型	必要设施	适合人群	安全
因亲近自然而喜爱自行车旅游	.824	—	—	—	—	—
因自由而喜爱自行车旅游	.773	—	—	—	—	—
因健身而喜爱自行车旅游	.743	—	—	—	—	—
因低碳而喜爱自行车旅游	.586	—	—	—	—	—
因爱好而喜爱自行车旅游	.566	—	—	—	—	—
因成本低而喜爱自行车旅游	.523	—	—	—	—	—

续表

变量 \ 组成因子	动因	政策	车型	必要设施	适合人群	安全
交通设施及法规有利于自行车旅游	—	.799	—	—	—	—
汽车发展政策有利于自行车旅游	—	.795	—	—	—	—
适合于自行车旅游的景点宣传充分	—	.672	—	—	—	—
适合于自行车旅游的景点数量充足	—	.586	—	—	—	—
电动与普通自行车同样安全	—	—	.806	—	—	—
电动与普通自行车同样低碳	—	—	.795	—	—	—
两类自行车混行不会构成安全威胁	—	—	.635	—	—	—
自行车专用车道充足	—	—	—	.742	—	—
景区自行车存放方便安全	—	—	—	.739	—	—
自行车专用车道不会经常被机动车占用	—	—	—	.565	—	—
自行车旅游更适合于年轻人	—	—	—	—	-.809	—
自行车旅游也适合于老年人	—	—	—	—	.786	—
骑车应在专用车道	—	—	—	—	—	.822
骑车应戴安全帽	—	—	—	—	—	.542

说明:a. 转轴6次迭代

四、自行车活动深度休闲爱好者的行为特征研究

现代人所承受的工作压力大,生活节奏快,以致各种文明病悄然上身而变成慢性疾病,而从事休闲活动可以得到各方面的益处。深度休闲在活动上的范围很广,不同的活动会带来不同的生理效益,静态的活动与动态的活动都会带来不同的生理效益,只是动态活动被提的生理效益多于静态活动的生理效益。近年来,随着人们对健康与休闲意识的重视,有愈来愈多的人投入自行车活动,根据台湾自行车骑士协会的调查,参与自行车活动时,脚的踩踏运动会加速血液循环,强化微血管组织与骨骼,避免心脏病、高血压、增进心肺功能与新陈代谢等,是一种有氧运动,而且骑自行车不仅可以使人放松心情、解除精神束缚,也可以缓和情绪、降低忧郁与焦虑的症状,更能增加自我满意度、社会适应和自我认同,此外,自行车休闲活动在与他人的互动过程中,可以促进友谊、结交志趣相同的朋友、拓展社交圈和得到归属感。

2008年台湾云林科技大学的陈锡平、蒋孝美等学者,就台湾自行车活动深度休闲爱好者的行为特征进行了深入研究。

深度休闲自行车活动爱好者中,男性占大多数,大约为79%,而女性大约只有21%,显示男女的参与比例差距很大。深度休闲自行车活动爱好者的平均年龄为39.3岁,31~50岁的人占58.7%,且31~40岁的人所占比例最高达32.5%,而20岁以下及61岁以上的人所占比例最少,显示大部分参与者是中壮年,这说明,有了稳定的工作后,投入此活动的人变多了。深度休闲自行车活动爱好者中,从事商业的人最多,占32.7%,其次是工业领域的人,占27.8%,最少的是农业领域的人,只占2.1%,显示有2/3的人从事工商业。深度休闲自行车活动爱好者中,有将近8成的人最偏好登山车,其次是公路车,最少的是亲子车及其他,显示出登山车较适应各种地形,因此,在平时及休闲时皆可使用,使用的人

最多。

男、女性别差异在深度休闲特征上的自我努力、认同效益有显著差异,而且男性的自我努力及认同效益皆高于女性,显示出男性在自行车活动中会不断地努力追求相关知识、技巧,且男性在活动中所获效益及对于此活动的独特性、次文化等认同感都大于女性;性别在生涯性及坚持性这两项特征上没有显著差异,显示不管是男性或女性,皆会把这项活动视为终身从事且持续不断地投入其中,此外,男性整体深度休闲特征比女性高。

在职业类别方面,只有在深度休闲特征上的坚持性有显著差异,其他如自我努力、认同效益、生涯性及整体深度休闲特征皆无差异,而且从事商业的人之坚持性大于其他职业的人,显示出从事商业的人在面对逆境时,较会坚持到底、持续努力,以突破困境,而得到正向的感觉。

当登山车、公路车、越野车等自行车偏好在深度休闲的各种特征及整体深度休闲特征中皆无显著差异,显示出只要是自行车活动爱好者,不管骑何种自行车,都可以显现出他们所具有的深度休闲特征。

他们的研究建议,趁着中年,事业稳定后,从事自行车之深度休闲活动成为人生的一部分。以登山车为入门车,真正成为深度休闲者后,再以公路车为第二台车,以体验不同的挑战路线。他们的研究还表明,男性投入的人数比女性多很多,男性在自我努力及认同效益上比女性高,从事商业的人坚持性较高。

斯特宾斯(Stebbins)在1992年和1997年研究中曾指出,深度休闲者会把休闲活动视为一生的志业而努力不懈,不管是业余者、嗜好者或志工,经由纯熟的技术、丰富的知识和经验,将活动过程中所遭遇的困难,加以排除并坚持到底,完成目标。因此,深度休闲者所得到的休闲效益是长久的、有意义的、有趣的。由于深度休闲者将活动视为生活的一部分,不断地投入时间、金钱,学习新知识与技巧,自己虽不至于成为专家,但已

第七章　自行车承载休闲及旅游体验的出行方式研究

有专业的水平,因而感到自己的生命及生活是非常充实的。我们应该以此为目标,朝向深度休闲的参与者迈进,使自己的人生更完美、生命更有意义。

五、发展自行车旅游的政策制约因素研究

美国金门大桥是世界著名大桥之一,雄峙于加利福尼亚州宽1 900多米的金门海峡之上。金门海峡为旧金山海湾入口处,两岸陡峻,航道水深,自行车旅游爱好者经常在此穿梭游览。城市化的扩张发展,对轿车的依赖性增大,城市发展趋于一种变态趋势而异化,从前的一些方便自行车或三轮车等措施都已经消失,自行车道越变越窄,因而北京缺少如金门大桥般的鲜活风景。无论是自行车专用道的问题,还是自行车的租赁、存放,甚至包括适合自行车旅游的景点数量与宣传等方面的问题,究其根源,均源于现行政策、法规及其执行力度的问题。

(一)自行车专用道

大约有86.7%的人认为骑自行车应在自行车专用道(如图8-1所示),而北京市专用的自行车道并不是很充足,从数据中可以看出大约有50.2%的人认为,北京市自行车专用道不充足。即在调查的人群中有一半的人认为,北京市专用自行车道不充足。据北京市统计局的资料,北京作为人口密集的大都市,城市道路设施相对不足,人均道路面积不仅低于纽约等国际现代化城市的水平,也低于上海等国内大城市的水平(详见表8-3)。道路设施的不足,使北京的交通拥堵程度较为严重,导致自行车道经常会被机动车所占,因此,对于自行车旅游来说有很大的影响因素。

图 8-1 十字路口中央的自行车专用道

上图拍摄于 2010 年 7 月丹麦哥本哈根市中心的大街上。这里在行驶道路中不仅有自行车专用道,而且在十字路口中央还设有环形的自行车专用道;同时,其所有自行车专用道均以天蓝色覆盖,在灰黑色的马路上显得醒目而神圣不可侵犯,以确保骑行者的权益与安全。

表 8-3 城市道路设施和交通安全状况比较

城市名称	人均道路面积(平方米)	万人交通事故死亡人数(人)
纽约	28(1991 年)	0.9(1990 年)
伦敦	—	0.5(1990 年)
东京	11.3(1992 年)	0.4(1990 年)
巴黎	30(1993 年)	0.4(1990 年)
柏林	21.7(1992 年)	0.3(1999 年)
新加坡	24.2(1988 年)	0.75(1995 年)
香港	—	0.33(1998 年)
汉城	6.5(1992 年)	1.2(1990 年)
上海	10.6(2001 年)	—
广州	10.2(2001 年)	—
深圳	15.1(2001 年)	—
北京	7.0(2001 年)	1.1(2000 年)

第七章 自行车承载休闲及旅游体验的出行方式研究

目前对于汽车的发展政策,与自行车道对自行车旅游的因素,存在显著的线性相关关系。

表 8-4 相关系数

			喜爱自行车旅游	自行车专用车道充足	汽车发展政策有利于自行车旅游	交通设施及法规有利于自行车旅游
Spearman 的 rho	喜爱自行车旅游	相关系数	1.000	.032	-.109*	-.089*
		Sig.(双侧)	.	.476	.017	.050
		N	486	486	486	486
	自行车专用车道充足	相关系数	.032	1.000	.270**	.342**
		Sig.(双侧)	.476	.	.000	.000
		N	486	486	486	486
	汽车发展政策有利于自行车旅游	相关系数	-.109*	.270**	1.000	.624**
		Sig.(双侧)	.017	.000	.	.000
		N	486	486	486	486
	交通设施及法规有利于自行车旅游	相关系数	-.089*	.342**	.624**	1.000
		Sig.(双侧)	.050	.000	.000	—
		N	486	486	486	486

说明:* 在置信度(双测)为 0.05 时,相关性是显著的。

** 在置信度(双测)为 0.01 时,相关性是显著的。

表 8-4 表明,在不排除喜爱自行车旅游的条件下,我们用"Spearman"系数对喜爱自行车旅游、自行车道充足、汽车发展政策及交通设施及法规进行相关分析发现,自行车专用车道与汽车发展政策在 0.01 的水平下正向线性显著相关,相关系数为 0.27,自行车专用道与交通设施在 0.01 的水平下正向线性显著相关,相关系数为 0.342。然而,自行车专用道与是否喜爱自行车旅游无相关关系。

北京市内自行车专用道并不是很充足,机动车占用自行车道的现象比较严重,影响自行车旅游。因而,增加自行车专用道的数量会有利于自行车旅游的发展。除了扩展自行车专用道,还有稳固的隔离机动车道和非机动车道的(不仅仅是墩子和白线)问题;执法部门加大执法力度,明确法律、法规,势在必行。

(二)自行车租赁企业对自行车旅游的影响

2008年北京奥运会期间,北京"BKLT"公共单车租赁服务有限公司设置了近200个网点,超过8 000辆自行车投入运营,自行车租赁业务热火朝天。目前,该公司只保留了12个网点,仅剩数百辆自行车用于出租。其两年内的巨大变化只是这个行业的一个缩影。据该公司经理介绍,该公司是在2005年最早进入北京自行车租赁市场的一家公司,奥运期间也繁荣过,当时网点遍布2号、5号地铁线,多达180多个。"自行车租赁市场衰败的原因不是什么经营理念的问题,主要是缺乏政府的支持。"仅凭一个民企去协调包括工商、税务、水电、市容、市政等系统几乎是不可能的。他们投入了大量的财力和物力,选购先进的软件系统,还有300多名员工,车库至今还存放着4 000多辆保存良好的自行车。企业方认为,只有得到政府支持,"这项公益事业才能持续下去"。奥运后,北京的自行车租赁市场状况可谓每况愈下。出现困境的不只是该公司。据不完全统计,北京市场上这几年出现的公共自行车租赁公司主要有7家,这些企业对自行车旅游有多大影响,入境游客及外埠游客,若想在旅游目的地体验自行车旅游,都需求通过自行车租赁公司租车。目前,已经开发使用的公共自行车管理系统非常方便。

(三)自行车旅游目的地与宣传

适合于自行车旅游的景点数量充足和适合于自行车旅游的景点宣传充分交叉制表,在表8-5、8-6卡方检验中,由于$sig = 0.00 < 0.05$,所以关系显著。这说明,如果适合于自行车旅游的景点数量充足,就会使自行车旅游的景点宣传更充分,即规模扩大会使宣传更加充分。

第七章　自行车承载休闲及旅游体验的出行方式研究

表8-5　卡方检验

	值	df	渐进 Sig.（双侧）
Pearson 卡方	347.328a	16	.000
似然比	304.844	16	.000
线性和线性组合	129.578	1	.000
有效案例中的 N	486	—	—

说明：a. 4 单元格（16.0%）的期望计数少于 5，最小期望计数为 2.56。

表8-6　方向度量

			值	渐进标准误差[a]	近似值 T[b]	近似值 Sig.
按标量标定	Lambda	对称的	.305	.036	7.780	.000
		适合于自行车旅游的景点数量充足 因变量	.310	.040	6.802	.000
		适合于自行车旅游的景点宣传充分 因变量	.300	.043	6.064	.000
	Goodman 和 Kruskal tau	适合于自行车旅游的景点数量充足 因变量	.171	.020	—	.000[c]
		适合于自行车旅游的景点宣传充分 因变量	.200	.023	—	.000[c]
	不定性系数	对称的	.212	.021	9.683	.000[d]
		适合于自行车旅游的景点数量充足 因变量	.206	.021	9.683	.000[d]
		适合于自行车旅游的景点宣传充分 因变量	.217	.022	9.683	.000[d]

说明：
a. 不假定零假设。
b. 使用渐进标准误差假定零假设。
c. 基于卡方近似值。
d. 似然比卡方概率。

因而,政府、旅游管理部门应大力宣传,以健身强体、低碳环保、缓解交通拥堵的理念激发人们参与自行车旅游的欲望,趋势所至,鼓励这样一种旅游方式成为时尚。景点、景区要开辟空地,设立自行车旅游服务点;旅行社加强服务,责任事故分清;政府引导,民政部门放宽对自行车旅游的门槛;信心加旅游、交通、执法、道路、宣传、法律、民政、环保、景点、景区、租赁公司等相关主体的全力配合,使自行车旅游也能在钢筋水泥的丛林中、鱼贯蠕动的车流中协调发展。

六、安全意识与装备——自行车旅游中的重要问题

随着越来越多的人参与自行车旅游,无论是参与者,还是普通市民,大家都不能忽视自行车旅游中的安全问题。自行车旅游的装备、专用车道、存放设施、法律和法规、交通问题都是骑行者考虑的因素,骑行者的自身素质也不容忽视,要有一定的技术,了解自行车旅游的常识,骑行前做好准备,熟悉沿途环境。这些方面均与安全有关。

(一)体能与自行车旅游安全

体能因素是对自行车旅游影响最大的。受访者认为,自行车旅游除了能让自己更近距离地欣赏沿途的风景外,还可以使人感受到用自己力量前进的满足感。制约自行车旅游的因素除去沿途路况、天气等原因,还有一个内在因素就是人的意志力。当人们逐渐认识到身体健康重要性的今天,自行车旅游可以让人进行户外运动、提高身体素质。

由于自行车旅游,有许多是中远途项目,个人的身体条件是个很重要因素,这样就大大制约了参与的人群结构,大多参与自行车旅游的人,其年龄在25~45岁之间。相反,认为自行车旅游也同样适合老年人的认识,则是误区。骑自行车可以使心率在一分钟内达到120。通常,中等强度是比较适宜老年人的强度。然而对于65岁以上的老年人来说,这种自行车旅游不宜推广。国内外都有一些研究成果表明,尽管自行车运动对预防心血

第七章　自行车承载休闲及旅游体验的出行方式研究

管等疾病有好处,但如果没有医生的指导,不科学的自行车运动会使高血压患者血压升高,也会使冠心病患者心脏负担加重。所以,在体能方面,要量力而行。

(二)装备与自行车旅游安全

摩托车有专业的头盔,并有交通管理部门的相应法规管理;尽管自行车旅游也存在一定的危险,安稳度也不高,而专业骑行设备在我国的大街上却很少见。

由于头盔(如图8－2所示)能有效降低摔下车时发生脑震荡的几率,所以,美国保险条例中规定骑车必须戴头盔,否则,发生意外无需赔偿。但在我国,骑车者包括参与自行车旅游的游客都很少能注意到这一点。

图8－2　自行车旅游的安全装备

上图拍摄于2010年7月瑞典哥德堡。骑行者均装备有专业的头盔、背包,以及辅有安全带的儿童座椅。

除此以外,骑车时常用的护具还有护膝、护踝、护肘和护腕,可以防止行车中发生扭伤、挫伤等伤害。如果把骑车当做运动来做,那么这些保护器具一定要配全。

喜爱自行车旅游的人认为,骑行时应有专业的装备,除头盔以外,还有手套、眼镜等。而且这部分旅游者也希望有自行车专用道,这样可以保证路面平坦、安全,又可以节省体力,达到游玩与运动的体验。由此也说明,人们的安全意识在逐渐提高。

表8-7是性别与骑车应带安全头盔这两项的观点对照表分析,从表中可以得到250名男性受调查人群中,有78名非常认同骑车应戴安全头盔这个观点。而在236名女性受调查人群中,有75名非常认同骑车应戴安全头盔。由此推断,超过一半的人认为骑车应该或非常应该戴安全头盔,他们认为戴头盔能够使自行车旅游增加安全保障。

表8-7 性别与骑车应戴安全头盔观点持有者数量对照表

问题		骑车应戴安全头盔					合计
		非常不认同	2	3	4	非常认同	
性别	男	27	38	49	58	78	250
	女	20	35	61	45	75	236
合计		47	73	110	103	153	486

(三)自行车存放与旅游安全

多数受访者对于景区自行车存放安全心存忧虑。喜爱自行车旅游的人都希望所到景区可以有一个安全的自行车停放处,这也是自行车旅游安全性问题中值得关注的一点,因此,出游前会考虑到所到目的地车辆存放的安全问题。他们表示,对于存车处安全性差,甚至没有存车处的景区,自然不会作为首选。

第七章　自行车承载休闲及旅游体验的出行方式研究

(四)电动自行车与人力自行车旅游安全

前述探讨的均为借助人力的自行车旅游。近几年来,电动自行车快速发展,但这种电动车通常与人力自行车同道而驰,但它的速度则是人力自行车速度的好几倍,这就为骑人力自行车的人们带来了不小的安全隐患。

在"两类自行车混行不会构成安全威胁"的调查中,大部分受访者均认为是否定的。即两类自行车混行会构成安全威胁。而相对于电动自行车而言,人力自行车无疑属于弱者。当两类车发生安全威胁时,人力自行车及骑车人受到的伤害肯定大于电动自行车。我们认为,在对电动自行车设置速度限制时,应以骑行电动自行车为省力的原则,而绝不能使其成为一种快速交通工具。目前在我国的许多城市里,电动自行车已经如机动车一般的快速,若令其并入机动车道,则是对骑行电动自行车者安全的不负责任;但照现在这样与人力自行车混行于同一车道,也已经有太多血淋淋的教训来证明,这样做,是对人力自行车骑行者安全的践踏。

所以,骑行安全无法得到最大保障才是目前我国发展自行车旅游活动的重要威胁。此外,我国许多城市交通拥堵严重,经常会有机动车与非机动车混行现象,且缺少统一的自行车安全标示或手语,专业车道也缺少规划。要想减少自行车旅游的安全隐患,政府必须健全法规,加强监管。

七、总结和反思

(1)鉴于自行车旅游发展的趋势和未来潜在发展空间,以及围绕自行车低碳出游等服务理念的缺失,建议相关旅游服务机构予以足够的关注,将自行车旅游纳入业务范围,提供更专业的服务。由于自行车旅游开发目前还处在"半自发"的状态,旅游服务机构可以凭借其拥有的丰富资源,为自行车旅游提供优质的服务。比如开发自行车旅游产品:设计出游线路,提供旅游服务(如出租自行车、自行车设备维护、医疗急救等)和相关的低碳出游性活动。在以上的因子分析中,显示出一些爱好者对骑行旅游心存顾忌,缺少足够的吸引他们进行消费的就是担心沿途没有保障,试想如果这一点能够解决,自行车旅游将会有很大的发展。

(2)"绿色出行"是一种相对环保的出行方式,虽然人们在调查中并不因此将它作为考虑的首要因素。比如乘坐公共交通、骑自行车乃至步行等。节约能源、提高能效、减少污染、有益健康、兼顾效率的出行都算"绿色出行"。它能否确立为人类生存和城市可持续发展的理念,持之以恒,保持常态,缓解交通压力,降低碳排放、保障环境安全,无疑是当下人们更为关注与期待的。

(3)作为旅游活动的主体——广大旅游者,需要从原本奢侈、豪华、浪费的旅游方式转变过来,转变审美方式,倡导低碳旅游。旅游者完全可以通过参与体验低碳旅游来改变原有的生活理念,享受低碳生活。其次,在景区规划上,已开发的景区应逐步往低碳要求靠拢,尽快提升各项设施,以适应节约资源和环保再利用的要求。新开发的景区,在规划过程中必须强调融入低碳理念,如景区旅游交通设计时,坡度不宜过大,采用双旅游路线设计(既电动游览车旅游线路和游客步行、骑行旅游线路)。

(4)关于自行车旅游,国内尚无系统研究,因而这一选题具有开创性、前瞻性和实用性。自行车旅游作为一种旅游产品和旅游方式,属于自助旅游、健身旅游与环保旅游的结合。自行车旅游发展的基础是自行车作为一种代步交通工具的普及与大众化。自行车旅游发展的环境是交通公共服务系统的建立与完善,是旅游区、线、点上自行车公共服务设施的网络化。自行车旅游发展的条件取决于私人自行车的普及与公共自行车租赁网络服务系统的建立。自行车旅游发展的机制是公共服务平台的建立与自行车租赁企业的经营,两者缺一不可。自行车旅游产品要以短途旅游起步,短途大众化旅游与中长途专项旅游相结合。发展自行车旅游,不仅事关旅游部门、民众(游客),更事关环保部门和交通部门。

第八章

融交通与旅游体验于一体的旅游出行方式研究

能够融交通与旅游体验于一体的旅游出行方式,是游客最喜欢的出行方式,比如自行车旅游、徒步旅游、以及邮轮旅游,等等,从某种意义上讲也是最经济的旅游方式,即节省了单纯的路途时间和费用。其中,自行车旅游、徒步旅游等自主型旅游出行方式还能使游客产生自由、快乐的感受。

一、徒步旅游——行游一体的旅游出行方式研究

20世纪90年代,巴黎香榭丽舍大街一到星期日就封起来,总理带着民众玩直排轮、骑自行车。现在的巴黎市长,每年夏天把环河的快速道铺上沙子、摆上躺椅,让大家晒太阳。在意大利的许多餐厅里都注明一句话:如果你在一小时之内吃完,请不要进来。

台湾著名美学家蒋勋在其《天地有大美》一书中写道:"在欧洲发达国家,人行道是最重要的,强调人们要慢下来。台北也是,慢慢在规划自行车和行人的道路。过去每部车都赶你、撵你,让人觉得走路没有价值。""行的美学对于刚刚发展起来的城市可能更加重要,因为人们变得越来越焦虑,越快反而越觉得慢。重新找回生命的价值,就像慢慢品尝餐厅为你做的每一道菜,我们都要开始做这个功课。"

或许工作状态中的焦虑、急促你一时还无法放下,那么旅游中的你却可以从徒步开始慢下来,还自己以内心的从容和肌体的自在。

（一）徒步旅游的概念

20世纪初，欧美发达国家就已兴起各种户外运动，并逐渐成为一种时尚。随着时间的推移和各国经济的发展，在环境状况日趋恶化和人际间竞争更加激烈的情况下，人们要求亲近自然，放松竞争中紧张的心情，户外运动和行走型旅游逐步成为世界性的时尚健康运动。徒步旅游，是指旅游者以徒步为主要旅行方式，并在多数情况下是一种自助旅游形态，是背包旅游（如图9－1所示）者最喜欢的一种旅游方式，有时徒步旅游甚至可以成为背包旅游的代名词。旅游者通过亲近自然的徒步远足来获得强烈的旅游体验和身心健康，由于徒步旅游对环境影响较小，与大众旅游相比可以说是一种较生态的旅游方式。因此，徒步旅游逐步在全球成为一种生态休闲的旅游形式。

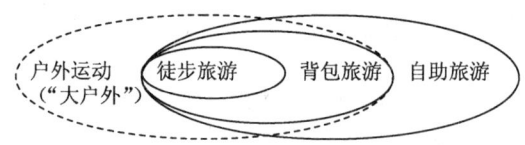

图9－1　相关概念关系图示

由于在徒步旅游的参与中，旅游者不仅能从自然和人文景观中获得强烈的旅游体验，而且步行作为一种体育健身的方式，能有效地增强旅游者的体质，锤炼旅游者的意志，因此，徒步旅游逐步成为一种国际时尚的旅游方式。以美国佛蒙特州居民户外活动的一项调查为例，在最受欢迎的十大户外活动——徒步远足、游泳、钓鱼、骑自行车、野营、散步、漂流、打猎、摩托艇运动和高尔夫中，徒步远足是最受欢迎的，有的居民在参加户外休闲活动时均钟情于它，超过居第二位的游泳比例（21%）的一倍。在高度现代化和城市化的西方发达国家，大量游客更愿意选择亲近自然的徒步旅游形式来逃避喧嚣、紧张和压抑的城市生活。毫无任何人工痕迹的自然风光，以及原汁原味的风土文化，能使徒步旅游者在放松的心态下锻炼身体，

第八章 融交通与旅游体验于一体的旅游出行方式研究

并获得强烈的旅游体验,达到极佳的休闲效果。

所以,徒步旅游作为一种特殊的旅游方式,在旅游动机和行为上表现出独特的个性。从亚伯拉罕·马斯洛等的需求层次理论来看,由徒步旅游获得的成就感、满足感等体验效应在心理上表现为人的需求层次满足的提升。徒步旅游中存在通过需求层次满足先降后升和直接提升实现成就感、满足感等体验效应的两种途径。

(二) 徒步旅游的分类

徒步旅游市场仿照软硬型生态旅游的分类标准,通常的研究以体力要求、技术要求、危险程度进行分类,分为硬型徒步旅游(hard hiking)和软型徒步旅游(soft hiking)。国际徒步旅游市场以硬型徒步旅游产品为主。硬型徒步旅游一般有一定的危险性,且花费巨大,持续时间长,对参与者的体力、相应技术要求比较高,主要包括探险旅游、登山旅游和徒步探密旅游等,如珠穆朗玛峰登山徒步游、穿越撒哈拉大沙漠徒步探险、大峡谷攀岩等。软型徒步旅游是户外近、中距离远足活动,一般则以较少的经济、时间投入为特点,各年龄层次均适合参与,对体力、技术均无特殊要求,如郊外登山游、国家公园徒步一日游等。在国际市场,硬型徒步旅游市场占主要份额,如在美国,探险旅游者随处可见,2002 年参与探险旅游达 9 800 万人次,而有 1 600 万人次参与郊野远足。由于硬型徒步旅游产品一般对技术、装备和专业知识要求高,多针对高端徒步旅游细分市场,而软型徒步旅游产品花费少,且是一种适宜的体育锻炼方式(如图 9 – 2 所示),能为普通大众所接受,因此,多针对中、低端细分市场。

(三) 徒步旅游的市场

徒步旅游的研究价值。徒步旅游虽然是一种新的旅游形式,但发展速度迅猛,符合现代人对旅游的需求,市场潜力很大,而且对整体旅游市场的走向也有不可忽视的影响,能够使经济效益、社会效益和环境效益三者得到统一实现,其主要表现在市场规模大。从背包旅游者的规模来看,这一

图9-2 徒步旅游路径上的运动效果提示

上图拍摄于2010年11月北京密云县黑龙潭景区。这一提示牌给以徒步旅游方式参与户外运动的游客成就感和激励。

细分市场的人数众多,规模宏大。丘吉尔(Churchill)在1994年指出,英国每十个国际旅游者中就有一个背包旅游者,背包旅游者在英国一年的旅游消费总额达7 500万英镑,是重要的国际客源市场。澳大利亚旅游局从20世纪90年代到2002年的调查数据显示,所有旅澳的大于15岁的入境旅游者中,背包旅游者占10.2%。目前,专门针对背包旅游的统计数据普遍缺乏,我国国内的大规模调查更亟待进行。

(四)徒步旅游在澳大利亚的发展

在澳大利亚,政府高度重视徒步旅游市场,各州、地区还推出本地有特色的徒步旅游线路吸引徒步旅游者,同时各旅游公司也有经营具有相当风险的徒步旅游,这些对我国发展徒步旅游市场有一定的启示。

1. 澳大利亚徒步旅游线路概况

自20世纪80年代中期以来,旅游已发展成为澳大利亚经济、社会和文化活动中的一个重要组成部分。将澳大利亚作为旅游目的地向全世界推广的任务由澳大利亚旅游局承担。该局的经费来自联邦政府,负责与各

第八章 融交通与旅游体验于一体的旅游出行方式研究

州、地区对应部门,以及同行业合作伙伴一起合作开展市场推广活动,特别是针对特殊兴趣的新市场,如背包徒步旅行。在澳大利亚官方旅游局网站上可以找到许多有特色的徒步旅游线路。这些线路是依托品牌线路、连接重要旅游区(点)的旅游产品组合,覆盖六大洲和两个领地的主要旅游地,充分体现澳洲自然和文化的典型景观。

2. 澳大利亚徒步旅游线路的特点

澳大利亚的徒步旅游范围广,基本覆盖澳大利亚六大洲和两个领地。其政府高度重视与生态旅游息息相关的徒步旅游,各州、领地相关机构纷纷推出特色徒步旅游线路,北领地公园局、南澳大利亚环境与遗产部、西澳大利亚环境与保护部、维多利亚公园局、塔斯曼尼亚公园与野生动物服务局、新南威尔斯土地局、昆士兰州环保局、澳大利亚高山国家公园网站都提供非常详尽的有关本地区徒步旅游的信息。

3. 注重资源原真性保护

澳大利亚作为全球 17 个超级生物多样性国家之一,注重保持旅游资源的原始性和自然性,注重生态环保。生态旅游已成为当今世界旅游业发展的热点。澳大利亚于 1994 年推行国家生态旅游战略,是世界上最早制定和实施该种战略的国家。为实现可持续和有活力的生态旅游业,澳大利亚可持续旅游遵循的基本原则是"旅游环境影响最小化",导游不断向游客灌输"旅游影响最小化"理念。

4. 徒步旅游保障体系完备

澳大利亚包括网络信息服务在内的徒步旅游保障体系完备。由于徒步旅游深入的旅游地较为偏远,为给徒步旅游者提供相对的安全保障,政府在徒步区建设徒步旅游设施,如塔斯曼尼亚徒步旅游沿途设有的八个设施简单、用火炉取暖的小屋,南澳徒步线路中遍布的露营地、小屋和遮蔽所等;各徒步旅游区入口登记姓名、进入时间等,以防意外发生,容易寻找;各专门旅行社操作的徒步旅游小团体均配有专业化的徒步旅游导游;8 人以上包括学生团队都需要进行登记,按规定进行操作;各州政府的相关网站上有专门文件介绍相关信息,特别是安全问题。

5. 注重游客体验

徒步旅游非常注重游客的体验,旅游者选择徒步本身也是为了体验。可以说,徒步旅游是一种经过认证的生态旅游产品,澳大利亚徒步旅游经营者以游客体验最大化、环境影响最小化为经营宗旨,提供优质、全面、指导明确的徒步旅游。塔斯曼尼亚岛徒步游,除了对体力的挑战外,徒步也是一次与大自然的真正交流。北领地的拉拉平塔路径、维多利亚州威尔逊岬、新南威尔斯六英尺路径等都强调近距离与本地植物和鸟兽进行亲密接触。

6. 以徒步为最主要出行方式的背包旅游市场规模庞大

在国外,背包旅游作为一种久盛不衰的旅游形式得到了大众的喜爱,培育了相当规模的市场。澳大利亚是全球最主要的背包旅游目的地之一。以澳大利亚旅游研究局(Bureau of Tourism Research,BTR)官方网站上公布的澳大利亚国际入境背包旅游市场的情况为例,他们对背包旅游者给出的定义是:背包旅游者为一个在澳大利亚境内的背包客旅馆或青年旅馆待至少一个晚上的入境游客。1999年,澳大利亚的国际入境背包客达到40.43万人,占当年澳大利亚入境旅游人数414.31万人的9.76%;而他们的花费为17.17亿美元,占当年入境游客总花费128亿美元的13.41%。澳大利亚旅游局主席肯·邦迪说"背包旅游者是澳大利亚一个重要的旅游市场。目前,背包族占全部来澳游客的10%。尤为重要的是,背包游客具有多次旅游的潜力"。

(五)徒步旅游在中国的发展

背包旅游市场在国外已有相当的规模和发展的基础,徒步旅游作为背包旅游的最主要形式,其市场规模相当庞大。而徒步旅游在我国的发展相对滞后,仍处于初步开发和启动的阶段,主要是自助旅游者自发进行或者

第八章 融交通与旅游体验于一体的旅游出行方式研究

由营利性机构如户外运动俱乐部等进行操作,存在一定的风险。硬型徒步旅游还有待开发,而软型徒步旅游正处于快速上升阶段。

与国际的发展相比,我国的徒步旅游的发展亦有一些相同的特点,如徒步旅游市场规模的不断扩大,政府决策部门开始重视徒步旅游市场(如图9-3所示),网络成为主要的信息媒体等。然而,由于徒步旅游在我国的发展阶段与国际的差别,亦呈现出一个鲜明的区别,即:高端徒步旅游市场以国际徒步旅游者为主,中、低端市场以国内徒步旅游者为主。

图9-3 中国长城徒步大会

上图拍摄于2011年8月河北省金山岭长城。长城作为中国最美的8条徒步旅游线路之一,金山岭长城更是吸引了越来越多的户外运动爱好者、摄影爱好者进行徒步穿越旅游活动,2011中国长城徒步大会正是由各级相关政府部门主办,体现了重视程度的不断提高。

我国徒步旅游虽然处于起步阶段,但发展迅速,青藏高原、西南少数民族地区、西北内陆地区已成为著名的徒步旅游胜地。有些学者从外部条件将这种迅速发展总结为与中国经济发展、网络等通信技术进步、快速城市化、社会环境意识增强等密切相关,但从人们的内心需求和动机层面分析得较少,或不太深入。人的行为最直接的驱动力来自动机,而原动力又来自人的需求。因此,需要通过对徒步旅游者群体的心理基础进行研究,才能从内、外因两方面较完整地揭示中国徒步旅游的发展态势。

徒步旅游作为一种特殊的旅游方式,在动机与行为上与一般观光、休闲度假旅游那种求安逸、舒适、便捷形成鲜明对比。徒步旅游在动机和行为上所表现出的独特个性,可从徒步旅游者自称为"驴友"、"背包一族"、"暴走一族",将徒步旅游称为"自虐旅游"、将一些徒步线路称为"自虐线路"等称谓上略见一斑。

据美国社会心理学家亚伯拉罕·马斯洛的需求层次理论,人的需求存在从低到高的生理需求、安全需求、社交需求、尊重需求、自我实现需求五个层次,后又在尊重需求和自我实现需求之间,加入了求知需求和美的需求两个层次。需求层次存在从低到高的演化关系,低层次需求的满足是高层次需求产生的基础,并将需求按演化秩序归纳为两大层次:基本需求(生理需求、安全需求、归属需求)和发展需求(尊重需求、求知需求、美的需求、自我实现需求)。美国行为学家克莱顿·奥尔德弗则在马斯洛需求层次理论的基础上将其进一步归纳为生存、关系、成长(或发展)需求三个主体层次。人对旅游的需求属于满足基本需求后的发展需求,相对处于需求层次的较高端。

随着中国旅游的深入发展,旅游从比较大一统的混沌状态逐步走向分化、层次清晰化,各种专项旅游、个性化旅游方式不断出现,徒步旅游的兴起正是旅游分化、专项化、个性化的表现。徒步旅游相对处在旅游分类、分层体系的高端,使徒步旅游在满足旅游者需求上偏向于人的需求层次的更高位置:主要是满足徒步旅游者克服困难、发挥潜能的自我实现需求;增长见识、受到美的熏陶等发展自我的需求;丰富阅历、超越平凡而受尊重的需求;培养合作精神、获得友情而满足社交的需求。总之,通过徒步旅游,能在较宽裕的需求层次带谱内满足人的多层次需求,但主体是能满足人的发展需求。徒步旅游在需求层次谱上占有较宽的层次范围,这又说明徒步旅游不仅可以使人获得较高层次的需求满足,同时也有满足不同需求层次的

第八章 融交通与旅游体验于一体的旅游出行方式研究

较宽裕的选择范围,这正是徒步旅游对社会人群适应面较广的心理学基础。

数年来,我国徒步旅游者一般以户外运动俱乐部的组织形式开展徒步旅游,到2006年,在中国登山协会注册的户外运动俱乐部约700余家,会员超过50万人,这些会员约每两个月出行一次,他们多在双休日和"五一"、"十一"等假日里出游,因此,只能在目的地停留2~5天的时间,也就是说其旅游花费与国际徒步旅游者相比要少很多。由此可见,国内带薪假期等制度的落实程度,在某种程度上也对高端旅游市场的发育形成了局限。另外,从软、硬型徒步旅游的角度看,一个有趣的现象也说明了高端徒步旅游市场在我国发展的初期性。目前,国内登山者从北侧攀登珠峰的花费每人至少在30万元人民币以上。

(六)徒步旅游与装备

据经济观察家预测,21世纪7个最佳的投资方向,其中之一是"休闲运动将大行其道,成为人们生活的重要内容"。徒步旅游至少需要登山鞋、冲锋衣、登山杖、指北针、头灯等装备(如图9-4所示)。根据2002年的数据显示,全球体育产业的年产值高达4 000多亿美元,其中户外运动市场份额约有150多亿美元。2007年亚洲户外用品展提供的数据显示,5年前,我国户外运动服装和装备的销售总量只有1亿元人民币。2007年,这项数字已达26亿元人民币。5年前,全国只有400多家专业户外用品经销商和290多家专业户外用品店,2007年分别增至2 125家和1 500多家。市场增长的速度很快,年均增速超过100%,这同时也说明市场潜力巨大。户外运动虽然在国内已有10年的历史,全国的装备市场在这两年迅猛发展,但是小规模、低成本运作一直是国内户外装备市场的主流趋势,经过几年的积累后,国内户外装备店也逐渐向规模化的道路发展。

越来越多的人提出了"大户外"、"泛户外"的概念。在市场领域,商家

图 9-4 徒步旅游者的装备

上图拍摄于 2011 年 8 月云南香格里拉。一位装备齐全、徒步方式的背包旅游者正穿越独克宗古城。

也在积极宣扬"大户外"概念,有意识地将户外运动产品的市场拓宽到了休闲旅游业。对于经销商来说,消费人群越广对于企业的生存发展越有益,市场像金字塔,底端的市场是最广的。"大户外"概念无疑要比"专业户外"宽泛得多,必然能带来更广泛的消费群体,同时产生更丰厚的经济利益。随着人们对于户外运动热情的高涨,对于装备的要求也越来越高。有业内人士预测,中国的"大户外"市场正呈直线上升趋势,所蕴藏的市场将会超过 100 亿元人民币。

(七) 徒步旅游者行为研究

1. 徒步旅游者行为的经济贡献

国外许多研究表明,背包旅游的人均花费远远高出其他旅游形式的游

第八章 融交通与旅游体验于一体的旅游出行方式研究

客。如杰夫·贾维斯(Jeff Jarvis)的研究发现,在澳大利亚,每个到澳大利亚的日本背包客的花费是一般日本游人平均水平的5.8倍,而日本游人的花费水平在澳大利亚是属最高水平的。再如,1992年的一项调查显示,平均每个背包客在澳大利亚花费2 677美元,而同期所有旅游者的平均花费仅仅为1 272美元,只占背包游客花费的47.69%。其原因在于背包客的停留时间远远比大众观光游客要长。因此,背包客的日常消费支出就要比其他旅游形式的游客要多。

2. 徒步旅游者行为的社会贡献

背包旅游能够在经济欠发达地区迅速地提高当地的经济水平和直接帮助穷困的人们,能促进当地社区的发展。换言之,背包游客比其他旅游形式的游客更多地购买当地的物品和服务,徒步旅游产品开发投入低,对环境无污染。因此,这也是徒步旅游产品备受国际市场推崇和旅游发达国家青睐的另一个重要原因。徒步旅游者一般学历较高,环保意识强,同时能够尊重当地文化,加之他们喜欢在游客人数较少的区域活动,因此,徒步旅游是环境影响较小的一种旅游方式,也是一种纯生态的旅游方式。在澳大利亚、新西兰和东南亚等旅游发达国家,大众观光旅游产品已比较成熟,但是带来的结果是大众观光游客大大超过这些旅游地的承受能力。政府都注意到发展背包旅游、徒步旅游产品不仅能有效地缓和大众观光旅游产品的压力,而且背包旅游、徒步旅游不需要投入大量的旅游设施建设,只需要对沿途居民进行引导,同时让背包旅游、徒步旅游者们方便、快捷地获得所需要的信息,就可以短期内快速地发展此产品。

"老少边山穷"地区发展旅游的首选客源徒步旅游者超强的探险意识、充沛的体力、精力和对低价与独特经历的追求,使他们对各种旅游设施的耐受性达到最大,也对旅游配套设施的要求最低,设施替代性极强。他们在选择交通工具、住宿设施等方面,没有特别挑剔的要求,有时甚至愿意牺牲体力上和物质上的舒适去追求一种体验与经历,比如以走代车,以悬念频出的跋涉取代平淡无奇的游路,并以此为乐、以此为傲。他们常以所经历的艰辛和"非旅游者"的旅行经历来标识他们的"行路文化"。从旅游需求方面看,无论是来自西方的徒步者,还是中国沿海地区或大城市的徒步者,都热衷于去发展中国家或是内地经济落后地区旅游,因为那里消费低廉、民风淳朴、景色原始且有异族、异域风情。从旅游供给方面看,中国广袤的内地和边远地区以其旖旎的风景、多样的民族、独特的风俗和低廉的物价迎合了徒步旅游者的这种需求。但这些旅游资源丰富的地区多属经济落后的"老少边穷"地区。据统计,在国家重点扶持的592个贫困县中,50%属于国家级的自然保护区、森林公园和风景名胜区。这些地方基础设施落后,建设资金少。但是由于徒步旅游者的设施替代性强,徒步旅游可以降低这些地区涉足旅游业的门槛,真正做到"投资小,收益高",满足当地人民依靠旅游快速致富的愿望。

此外,徒步旅游者往往是被目的地的原始、原真、一尘不染的山水秀色所吸引,且普遍受教育水平较高,因而,他们大多更珍惜这纯净的自然环境,更注重甚至是热衷于环境保护。

3. 徒步旅游者对网络的依赖

对于徒步旅游者而言,网络成为最主要的信息媒介。西方的背包旅游、徒步旅游者通过网络主要完成确定旅游计划前的信息收集过程和确定旅游计划后的预订机票等过程。澳大利亚旅游研究局的报告也显示,44%的背包族通过因特网制订旅游计划。

4. 徒步旅游者行为特征的实证研究

我国关于徒步旅游的研究学者主要包括饶华清、肖胜和、黄向、陈红梅、王诗俊等人,其中王诗俊、肖胜和、陈红梅都贡献了关于徒步旅游者行为的实证研究。

2006年一项包括徒步旅游在内的户外运动人群调查显示,在经常从事户外运动的人群中,60.2%具有大学或同等学力,27.4%的人有大学以

第八章 融交通与旅游体验于一体的旅游出行方式研究

上学历。由此可见,高学历人群占了近九成;而在收入方面,以3 000元为界,月薪3 000元以上的高收入人群占48.6%;在年龄构成上,20~40岁的占84.1%,40~50岁的占7.1%。经常从事户外运动的人群具有高收入、高学历、年轻化的特点,高消费成为户外运动活动的重要特点,而装备消费成为户外运动的主要花费项目。

2009年5月,肖胜和对徽杭古道150名徒步旅游者进行问卷调查,其中对问题"您认为徒步旅游对您在如下方面(培养环境意识、提高价值观和道德水准、学会尊重其他文化和民族、提高对贫困与社会公平等的重视、影响生活方式、促进独立履行的倾向、提升知识水平和审美能力、建立和发展友情、得到很好放松、提升和锻炼能力)影响程度如何"(5点态度量表)的回答上明显趋向认同,尤其是在"培养环境意识、建立和发展友情、得到很好放松、提升和锻炼能力"这四方面。调查结果反映出徒步旅游使旅游者能在多方面得以提高。

徒步旅游对旅游者影响的自我判断。这些效应多次积累的结果是徒步旅游者不断实现自我完善。这与在极端环境下徒步旅游者通过完成极为艰巨的、或需长时间坚持的、常人难以完成的徒步旅游项目而获得社会的普遍认可,得到自我实现需求满足、"自我完善"与"自我实现"往往不是一次徒步旅游能达到的效应,而是累积效应的表述,一次具体的徒步旅游效应体现为一种成就感、满足感,是一种临时性的体验效应。每次成就感、满足感的大小和成就感、满足感次数的累积影响到徒步旅游者所能达到的最终效应。

2009年4月,陈红梅在乌鲁木齐获得500个参加过徒步旅游的有效样本。

这一调查关于徒步旅游经验分析的问卷显示,只有10%的人群是首次参加徒步旅游,其余90%的人群都有1次或1次以上的徒步旅游经历,且在其中有59%的徒步者有5次以上的徒步旅游经历,说明徒步者一旦参加徒步旅游后,未来大多会有反复出游的倾向。另外,有73%的受调查者会把一日的徒步旅游作为首选,这是由目前我国实行的一周五个工作日制度决定的。徒步者往往会在两日的周末休息日中选择一日的线路进行徒步。

参加过徒步旅游的游客在选择旅游方式时已经发生改变,和朋友自助的旅游方式占50.5%,远远高于其他方式,而传统的跟随旅行社团队的旅游方式仅占26.5%,说明现在的旅游者、尤其是参加过自助户外活动的游客已经变得很理性,他们不再喜欢在导游的小旗下和一群陌生人走马观花地逛景点了,而是选择和几个志同道合的朋友出行,这种变化也代表了今后旅游发展的一种趋势。但目前中国人选择独自背包出行的比重只有9.5%。

乌鲁木齐徒步旅游者的徒步旅游开始时间最早,参加徒步的时间是20世纪90年代,在前几年属于发展较为迟缓的阶段,从2006年开始参加徒步旅游的人数呈现快速发展趋势:从2006年的9%、2007年的19%、2008年的23%、直到2009年的38%,呈快速上升状态,这些数据看出徒步旅游作为一种新兴的旅游方式,开始的时间较晚,是近几年才逐渐被认可和接受的,但从参加人数的比重逐年快速增长来看,越来越多的人开始参加到徒步旅游的行列中。

虽然参加徒步旅游的人数快速增加,但有70.91%的人对徒步旅游知识的了解甚少,还有近10%的人几乎没有任何徒步旅游知识,而知道比较多和很多的仅分别占16.97%和2.42%。这一方面说明徒步旅游的崭新状态,但从另一方面也说明许多参加徒步旅游的人对徒步旅游了解不多,盲目地跟从。这种现象对徒步旅游的发展是不利的,因为徒步旅游是一种户外运动,在各种不同的自然环境中存在很多不确定因素,危险性较大,正如国内某著名徒步旅游目的地的一句宣传语所述:"稻城,有你能够想象到的一切,也有你想象不到的一切……"当然,这"一切"之中除去美好,应该还有危险。如果对一些徒步的基本常识、野外生存的知识和自然科学知识不了解,那么,在出游过程中很容易出现危险。

乌鲁木齐徒步旅游者的装备价值构成,从问卷分析来看,有13%的徒步者购买装备的总价值在500元以下,32%的徒步者购买装备的价值在500~1 000元之间,27%的徒步者购买装备的价值在1 001~2 000元之间,10%的徒步者购买装备的价值在5 001~10 000元之间,只有大概1%的徒步者购买装备的价值在10 001元以上。乌鲁木齐大多数徒步旅游者参加一日徒步活动所花费的费用在100元以下,其中36%的徒步者花费在50元以下,48%的徒步者花费在51~100元之间,只有16%的徒步者一日活动的花费在100元以上,这些费用包含交通费、向导服务费、保险费,以及购买午餐的费用。但当徒步者参加的是两日及以上的徒步线路时,所需费用就不是简单的一日费用的累加了,因为它涉及一日三餐,以及晚上住宿时所需的费用。

大多数徒步者在了解徒步旅游信息时所选择的渠道很集中,有超过90%的徒步者选择的是网络和朋友介绍,其中有60%的徒步者是从网络上收集徒步旅游信息的,这也说明了网络对于徒步旅游发展的重要性,还有33.94%的徒步者是从周边朋友那里了解徒步信息的。由于目前我国徒步旅游者选取的大多线路都是一些未开发的地区,且完全是由徒步旅游者一手勘探并自发形成的,因此,缺乏官方和当地部门的对外宣传,而是通过徒步者的口口相传使其他驴友熟知的,因此,口碑对一个徒步旅游目的地具有极其重要的作用。选择从户外店和报纸杂志渠道中了解徒步旅游信息的只有6%左右,这也反映出目前新疆徒步旅游在宣传方面的单一性。

关于参与徒步旅游的报名方式,其最主要的是网络,占40%;其次是通过朋友介绍,占27.27%;通过电话途径的占15.76%;到徒步组织直接报名者占13.33%;在户外用品店报名的占3.64%。

（八）徒步旅游研究启示

1. 应开发多种类型的徒步旅游产品

徒步旅游经济效益显著，是纯环保、纯生态的旅游方式，加上其开发并不需要政府投入大量资源，因而逐渐受到各国政府有关部门的重视。徒步旅游产品特别适合在发展中国家及地区中开发，因此，我国旅游资源条件好、但经济欠发达地区，徒步旅游产品应先期作为区域旅游开发的主流产品，大力发展。

2. 重视保护旅游资源的原真性

目前，乡村价值观在城市效益价值观的强势下显得日趋衰微，对发展速度与经济效益的偏重，使乡村旅游一味追求道路的硬化与设施的现代化，从而失去了乡村的原真性，这些现象均不利于中国旅游的可持续发展。相反，徒步旅游对环境的要求、徒步旅游者的审美诉求，恰是符合对旅游资源在保护的同时而开发利用的理念，亦即生态环保的理念。

3. 更加注重游客的体验

旅游的需求，是一种高级的需求。当经济发展到一定水平，人们从需要旅游到寻求不同于日常生活和一般旅游的体验式旅游；当体验式旅游达到某种程度时，旅游就成为一种生活方式。徒步旅游正是在中国经济高速发展过程中部分人在经历了大众旅游后，像澳大利亚等发达国家旅游者一样开始追求体验式旅游，并开始把旅游作为一种不可缺少的生活方式。所以注重体验与环保的徒步旅游将会随着中国经济的腾飞成为越来越多旅游者的追求，在徒步旅游线路的设计上要注重游客的体验。

4. 促进旅游信息化进程

研究表明，徒步旅游在国外已有相当的规模和发展的基础，而在我国的发展相对滞后，硬型徒步旅游还有待开发，软型徒步旅游正处于快速上升阶段。徒步旅游经济效益显著，是纯环保、纯生态的旅游方式，其开发并不需要政府投入大量资源，因此，应得到我国有关部门的重视，并在资源条

第八章　融交通与旅游体验于一体的旅游出行方式研究

件好、但经济欠发达地区徒步旅游产品应先期作为区域开发的主流产品，大力发展。网络是国内外徒步旅游者最重要的信息媒介，因此，徒步旅游营销的主要阵地是网络。

网络是国内外徒步旅游者最重要的信息媒介，主要通过论坛、即时网络通讯工具等来进行信息的收集和交流。因此，有关部门要发展徒步旅游市场，其主要的宣传阵地是网络，特别要在那些国际、国内徒步旅游者知名网站做好积极、客观、真实的推介。

二、行即游游亦行的其他旅游出行方式研究

谈到行、即游、游亦行的旅游出行方式，除了前已述及的自行车旅游、徒步旅游等自主旅游出行方式以外，还有一些非自主旅游出行方式。如果由远及近地历数：比如欧洲古城游里常见的仿古马车游，乘上中世纪的马车，体会皇宫贵族的遗风，带你进入灰姑娘的城堡。再有，乘上豪华邮轮（详见第十一章），你可以悠然慵懒于甲板之上，沉浸于海风之中，飘入四大洋的岛屿及沿岸的绮丽景致，邮轮即是旅游出行方式，同时也是邮轮旅程中的首要目的地。

更有狂野非洲的动物之旅，比如在肯尼亚境内旅游，穿梭于各大野生动物保护区之间，无论是区域间的交通，还是保护区内的游览，游客均需乘坐同一部专用车，通常为9座半敞篷式（车顶可开启）旅游车（如图9-5所示），该车即为交通工具，同时在野生动物保护区内追逐和观赏动物，它也是代步工具，更是掩体、瞭望哨、摄影平台，兼具动物学家对动物习性的熟知、摄影家对光影、角度的了解，专职且专业的司机，载着游客驰骋于辽阔的非洲草原上，去亲近"非洲五霸"（猎豹、狮子、大象、犀牛、野水牛）。

人文而恬静的北京人力三轮车胡同游，则与非洲的狂野形成强烈反差，但同样也是行游一体的旅游方式，尤以什刹海地区的"三轮车胡同游"品牌知名度最高。什刹海三轮车胡同游是极具京味特色的旅游项目之一，

图 9-5 肯尼亚的专用旅游车

上图拍摄于 2011 年 7 月世界上最好的野生动物保护区之一的肯尼亚马赛马拉野生动物保护区。当时共 16 辆专用旅游车在同时围观不宜拍到的猎豹。

乘坐三轮车游什刹海,不仅能赏景,还有望穿插游览深藏在胡同里的家庭艺术馆、特色博物馆、民间收藏展示,以及独具特色的"北京人家"。截至 2010 年年底,这一项目共接待中外游客 69.3 万人次,特许经营的三轮车 300 辆。

第四篇

公共交通旅游出行方式研究

尽管自主型旅游出行方式受到普遍欢迎,然而在当今的中国,旅游出行方式的主力还仍然是飞机、火车、公交车、地铁等公共交通。

旅游者的涌入,是检验一个城市通达性的重要衡量标尺;而城市通达性则是一个成熟城市旅游体系的核心要素之一。欧美许多城市的公共交通系统经过多年的发展,已经能够为进入其城市的旅游者提供充足的出行保障,更因其优良、精准的服务促进了这些城市旅游的内循环。比如在纽约、柏林、哥本哈根、以及香港等旅游目的地城市,均为旅游者提供敞开式双层环行旅游观光车,通过此方式将一个城市中心区的绝大多数旅游景点进行了线型串联,为旅游者提供附有对应解说系统的旅游线路;通过这一由公共交通搭建的旅游廊道,旅游者可以对其所途经的旅游景点进行细致地参观,并将各旅游景点之间的联系在方位上进行强化。这些对城市整体旅游形象的树立也大有裨益。

本篇内容除了涉及城市环线观光车旅游出行方式研究,还对邮轮旅游这一准公共交通旅游出行方式、着重于营销策略的角度进行了研究。

第九章

城市环线观光车旅游出行方式研究

为了改善北京市散客旅游接待服务,提高北京旅游目的地的形象,笔者于 2005 年参与委托项目"美国'GL'城市观光游览管理系统在北京市运行实施的市场可行性分析"专项研究。

散客旅游市场的发育和成熟,是旅游目的地成熟的重要标志之一,而成熟的旅游目的地必须建立一套完整的服务支撑系统,以保障这些散客旅游者的安全、方便、通畅、随机出行的需要。

所谓城市环线观光游览双层车(如图 10 - 1 所示),它是介于公共交通与深度城市旅游之间的一种环绕城市主要市区、沿途连接主要酒店、景观、购物中心及文娱场所,并在车上提供专业导游服务的城市观光交通服务产品。它起源于 1914 年的英国,该产品的服务对象主要是前来旅游目的地的海外旅游散客。

一、城市环线观光游览双层车市场的需求特征

为了更加准确地把握城市环线观光游览双层车产品进入北京的可行性,我们于 2005 年对前来北京的中外旅游者进行市场需求问卷调查,分别在长城、故宫、天安门、王府井等地区对前来北京的中外旅游者进行了随机抽样,根据比例抽样的原则,此次调查共发放中、英文调查问卷 1 200 份,回收有效问卷 953 份,其中有效的中文问卷 495 份、英文问卷 458 份,总体

第九章 城市环线观光车旅游出行方式研究

图 10-1　城市环线观光游览双层车

上图拍摄于 2006 年 12 月美国纽约市中心的大街上。

有效回收率为 80%。在 95% 把握程度的条件下,其调查结果表明,城市环行观光双层车产品进入北京市场是可行的。

（一）关于入境旅游者的需求特征分析

(1) 调查表明,90% 以上的入境旅游者希望游览北京城区的著名景点（详见表 10-1）。由此可见,"GL" 所提供的北京城区旅游交通服务是非常必要的。

表 10-1　来北京的入境旅游者抽样调查综合指标

（单位:%）

分类		抽样总体构成	首次来北京构成
希望游览城区的著名景点		91.0	93.0
对北京旅游交通的满意率		74.7	82.4
对"GL"品牌的认知度		37.7	33.4
愿意	使用"GL"服务	47.4	46.7
不确定		34.0	34.8

（2）在本次调查中，我们发现8成的入境游客对北京的旅游交通服务持满意态度(详见表10-1)。由此说明：北京的旅游交通服务已具备一定的水准，并有待通过引进像"GL"这样的国际知名品牌，而得以进一步提升。

（3）然而，调查还显示，只有不到4成的入境旅游者在此前就知道"GL"(详见表10-1)。这从一个方面说明"GL"公司尚应加大对其品牌的宣传力度。

（4）我们在运用皮尔森独立性检验方法分析时发现，入境旅游者是否选择"GL"产品，与他们是否了解"GL"产品之间是相关的(详见表10-1、10-2)。这也进一步证明加大"GL"品牌宣传力度的重要性。

表10-2　入境旅游者选择"GL"与否的独立性检验

	值	自由度	P值(2-sided)
皮尔森卡方	44.840	2	.000

5.通过均值分析显示(详见表10-3)，来北京入境旅游者的日均交通花费在400元以上，说明即将在北京上市的"GL"双层车产品，其200～250元的定价是可以为广大入境旅游者所接受的。在愿意选择"GL"产品与不愿意选择"GL"产品的两类游客中，其日均交通花费存在明显差别。从而说明"GL"产品面对高端人群的市场定位是准确的。

表10-3　来北京入境旅游者城区游览日均交通花费分类比较

(单位：人民币元)

分类	抽样总体	首次来北京	愿用"GL"	不愿用"GL"
均值	468	514	481	259

6.根据对"GL"北京公司的调研资料，我们在研究中可以明显看出，在与"GL"合资后的两年以来，该公司营业收入、接待人数等主要经营指标都

第九章　城市环线观光车旅游出行方式研究

呈现出高速增长的态势(详见表10-4)。特别是2005年营业收入与2004年相比递增47.55%,其速度增长高达50个百分点,创造了"GL"北京公司的历史最好业绩。

表10-4　"GL"北京公司接待入境旅游者的主要经营指标变动情况

年份	营业收入(万元)			人数(人)		
	金额	年增长率(%)	增长率(%)	人数	年增长率(%)	增长率(%)
1998	842.00	—	—	34 097.00	—	—
1999	847.00	0.59	—	28 881.00	-15.30	—
2000	821.80	-2.98	-3.57	31 933.00	10.57	25.87
2001	745.60	-9.27	-6.30	30 136.00	-5.63	-16.19
*2002	1 023.10	37.22	46.49	32 742.00	8.65	14.27
2003	527.60	-48.43	-85.65	19 143.70	-41.53	-50.18
2004	997.10	-2.54	-39.76	45 165.00	37.94	29.29
2005	1 471.20	47.55	50.09	69 984.00	54.95	17.01

说明:* 表4说明:2002年为该公司在2005年以前的历史最好水平,2003年由于受"非典"的影响,其数据不具有可比性,故2004年和2005年都是与2002年进行的比较。此外,2005年11月和12月的数据是根据同年前10个月的数据推算的。

7.在此必须指出的是,如何提高人均收入水平,将是该企业面临的一个重要问题。这是我们通过对"GL"北京公司接待入境旅游者营业收入与人数的相关性分析得出的结论,相关性过强,表面其两个指标之间的依赖程度过高(详见表10-5)。此外,我们在研究中通过营业收入年均增长与接待人数的年均增长比较(详见表10-6),发现后者高于前者,从另一角度印证了上述结论。

表10－5 "GL"北京公司接待入境旅游者营业收入与人数的相关性分析

年份	1998	1999	2000	2001	2002	2003	2004	2005
人数(人)	34 097	28 881	31 933	30 136	32 742	19 144	45 165	69 984
营业收入(万元)	842.00	847.00	821.80	745.60	1023.10	527.60	997.10	1471.20
相关系数(CORREL)	0.95(高度相关)							

8. 根据对"GL"北京公司的调研以及抽样调查资料,我们对该企业的主要经营指标进行了趋势区间预测(详见表10－6和如图10－2)。

表10－6 "GL"北京公司接待入境旅游者的主要经营指标预测

分类	营业收入(万元)		人数(万人)	
	增速(%)	金额	增速(%)	人数
1998～2005年	8.30	—	10.82	—
2004～2005年	19.92	—	46.20	—
2006年	18～25	1 750～1 850	38～48	9.50～10.40
2007年	20～30	2 080～2 390	45～55	13.10～15.40

(二)关于中国游客的需求特征分析

(1)国内游客中有83.4%"愿意游览北京城区的著名景点"。比国外游客的比率要小。

(2)国内游客对北京旅游交通的满意率为51.9%,比外国游客的满意率低很多。原因是中国游客中散客占绝大多数,为47.1%。

(3)国内游客与首次来京的外国人对"GL"品牌的认知度为12.1%。此结果当属正常。

(4)有58.1%的国内游客表示愿意使用"GL"交通服务,有19.6%的国内游客表示不确定。这个比率比外国游客要高一些,说明国内游客对"GL"提供的交通服务较国外游客感兴趣。

第九章 城市环线观光车旅游出行方式研究

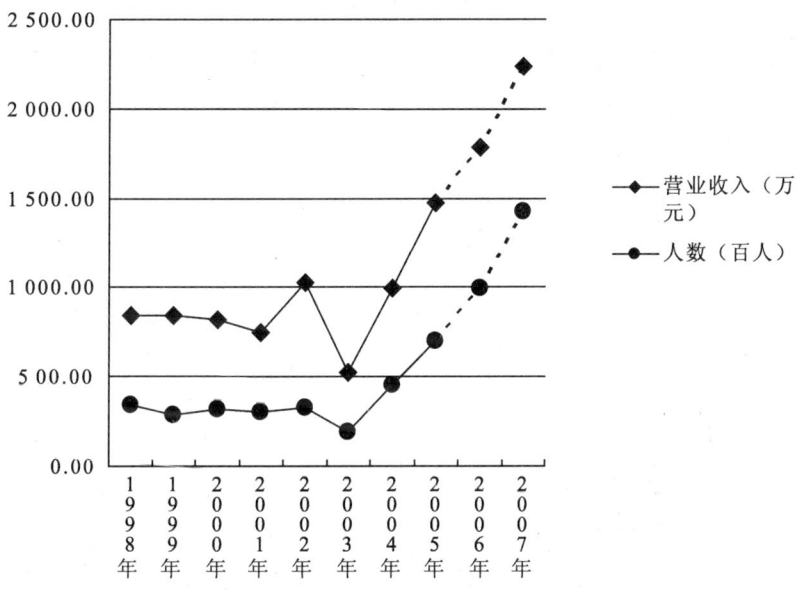

图 10-2 "GL"北京公司接待入境游客主要经营指标趋势预测

(5) 56.6% 的国内游客认为"GL"交通服务会提高北京旅游交通服务的水平；有 34.1% 的国外游客表示不确定。

(6) 有 68.9% 的国内游客愿意向亲戚或朋友推荐使用"GL"交通服务，有 21.1% 表示不确定。推荐意愿比国外游客要强。

(7) 国内游客对北京交通服务的主要倾向比例为：从机场到酒店交通服务为 35.6%，城区观光旅游交通为 63%，城区到郊区交通为 57.9%，其他为 8.5%。这一结果说明国内游客对环城观光和城区到郊区的交通服务更感兴趣。尤其是环城观光交通服务。

(8) 在国内游客中，商务或会议旅游占 15.2%，散客占 47.1%，随旅游团占 24.6%，所以国内游客以散客为主。

(9) 国内游客在北京的日均交通花费为 138 元人民币，从此项消费额来看，"GL"的价格应当是可接受的。

(三) 对游客对城市环线观光游览双层车需求行为特征的总体分析

首先，在我们进行抽样调查的中、外游客中，国内旅游者在北京市游览的交通花费平均每天为138元人民币，外国旅游者在北京市游览的交通花费平均每天为468元人民币，而首次来北京的外国人的相应值为514元人民币。根据国际上此类产品的通常票价：北美大约为30~40美元/48小时；欧洲国家大约为20~30欧元/48小时。折合人民币大约300人民币/48小时（两天自由上下），如果是一天的票价则为150元左右。所以，从中、外游客在北京市游览的交通花费来看，基本能够接受这种产品的价格。国外的旅游者应该是这一产品的消费主体。特别需要强调指出，在我们的调查中还发现，愿意选择消费这种产品和不愿意选择消费这种产品的两类外国游客中，其日均交通花费存在明显差别，前者的日均交通花费481元人民币，后者则为259元人民币。可见，这种产品的市场定位应该是国外旅游消费者的高端人群。

其次，在我们的调查中，国内旅游者有58.1%的人愿意接受这种产品提供的服务，外国游客有47.4%的人愿意接受这种产品的服务（由于受调查的外国游客有一部分是团队旅游者，其旅游行程是旅行社事前安排的，所以可能对这种服务并不完全需要）。但当他们被问及是否愿意向亲朋好友推荐这种产品服务时，国内和国外旅游者的比例分别为68.9%和64.4%，可见，多数中、外旅游者还是愿意接受这种产品服务的。

最后，在对这项产品是否会提高北京的旅游交通服务水平时，在国内、外旅游者基本满意北京的旅游交通服务（他们的满意度比例分别为51.9%和74.7%）的情况下，多数国内和国外的旅游者仍然认为这种产品服务会提高北京的交通服务水平，他们的比例分别是56.6%和61%，国内旅游者的比例略低于国外旅游者。由此可以看出，这种产品的服务能够进一步促进北京旅游管理水平的提高。

二、"GL"城市环线观光游览双层车线路设计方案

(一)设计宗旨

为了满足海外入境散客,特别是集中于燕莎商圈、中央商务区商业办公区内的商务客人的城市观光、游览,以及兼顾购物的出行需求。

(二)"双层车"的服务特点

即将使用的"双层车"上配有通过卫星定位系统实现的六国语音系统、及懂外语的驾驶助理。车高 3.4 米,可以基本满足所设计两条线路的通行要求。车辆行驶途中,乘客应坐下并系好安全带。

(三)线路特点

A 线全长 40 公里,设计运行时间为 3~4 小时/圈,首期预计投入 15 辆"双层车",运行间隔预计 30 分钟。B 线全长 20 公里,设计运行时间为 2~2.5 小时/圈,首期预计投入 5 辆"双层车",运行间隔预计 45 分钟。早晨首发预计在 8:30~9:00,晚间末车预计在 18:00~19:00。A、B 两条线有前门、东方广场两处换乘交叉站,最大限度地方便游客。

三、城市水、陆、空立体环线观光游览系统展望

如果能够从一个城市总体的高度来开发"城市观光双层车"系统,势必能够发挥其更大的效用,即"城市观光双层车"系统与京城水系(据悉 2008 年全线贯通)连动。如能实现,则游客、"GL"公司、京城水系经营公司、北京市将会四方互利共赢,将为北京,而不只是为某一个公司,构建一个完整的城市观光产品体系。

(一)如能实现,其优势分析

(1)双方将可以做到互为客源。

(2)在运行线路上得以相互延伸,即将集中于城市东部中央商务区区域的客人,通过京城水系带到了城市西部。

(3) 在观光、游览、购物资源上互为补充。

(4) 游客将可以从水、陆方面,俯视、平视、仰视不同的视角来欣赏北京。

(6) 充分利用北京宝贵的水景资源,完善北京的旅游产品。

(二) 实施建议

(1) 市政府总体协调相关部门。

(2) 在"GL"即将实施的两条线路上,尽量在水系附近设立停靠站。比如,A线中的凯宾斯基饭店站、东便门站;B线中的天坛南门站。而在京城水系方面,也应在即将于全线贯通的水系建设中,考虑在上述三处设立停泊码头。

(3) 展望未来,如果北京再开发城市直升飞机空中俯瞰项目,必将形成水上、陆地、空中更为完整的、立体化的城市观光产品体系。

(三) 其他城市的借鉴意义

北京的首都地位,决定了该城市在实施立体观光系统方面存在局限性,尤其是在空中观光方面,这也是我们这次研究的城市环线观光游览双层车至今都无法实现的重要原因。

然而,对于我国其他许多城市确是可以借鉴的经验,这也是世界上很多著名旅游目的地城市都已经成功和成熟运作的方式。

第十章

邮轮旅游出行方式研究

作为高端旅游产品,邮轮旅游一直是很多旅游者梦寐以求的度假方式,甚至有人把邮轮旅游称为"旅游的终极目标"。地球面积的30%是陆地,70%是海洋,邮轮旅游将会成为未来休闲度假旅游的主导趋势。

从20世纪80年代开始,陆续有邮轮停靠我国。我国的邮轮旅游虽起步较晚,但发展迅速,潜力巨大。除带来直接消费收入外,还拉动相关产业的发展。据研究,我国邮轮旅游的拉动系数高达1:10。近年来,挂靠中国港口的国际邮轮数量呈逐年上升趋势,入境的国际邮轮游客以年均10%的速度增长。据统计,2005年共有38艘各类国际邮轮访问上海、天津、青岛、大连等港口。2006年,有70多艘国际邮轮挂靠中国港口。2007年上半年,仅上海就有28艘邮轮到港,比2006年同期增长12%。与此同时,随着中国经济的发展,个人收入水平的增多,国内游客正在逐步将邮轮旅游列为度假旅游的一种选择。2005年参加由上海出发至日本、韩国邮轮航线的游客中有半数以上为中国游客。外国邮轮公司纷纷看好中国。

一、邮轮出行方式与邮轮旅游

(一)邮轮出行方式

邮轮原指海上定线、定期航行的大型客运轮船。从字面上看,"邮"字本身具有交通的含义。由于过去跨洋邮件一般经这种大型客轮运载,故而得名。中国古代的邮轮是邮政部门专门用来运输邮件的交通工具之一,且同样运送旅客。

现在所说的邮轮,是指盛行于20世纪80年代末,航行于水域并装备了较为齐全的生活与娱乐设施、用于游览的旅游客轮,就像是流动型的大酒店,船上娱乐设施多多。现代邮轮和原意邮轮的区别,不在于船体大小,而在于两者的定位根本不同。原意邮轮是海上客运工具,其定位是把旅客运送到大洋彼岸,它的生活娱乐设施也是为了给旅客提供舒适行程和解闷;对游客而言,现代邮轮本身就是旅游的目的地,享受邮轮上的生活娱乐设施是海上邮轮的主要组成部分,中途靠岸是为了观光、购物或游览,回到出发地时海上旅游即告结束。

关于邮轮的起源年代,多数研究认为邮轮历史始于19世纪上半叶。当时,随着英国与新大陆的往来日趋密切,邮件传递的需求迅速增加。在此背景下,英国铁行渣华公司(P&O)于1837年创办了海上客运兼邮件运输,"邮轮"的称谓由此而来。1839年5月,加拿大人塞缪尔·丘纳德(Samuel Cunard)在维多利亚女皇的支持下取得了英国与北美间运送邮件的承包权。1840年,在友人的协助下,他创办了世界上第一家邮轮公司——英国北美皇家邮件船务公司,并以"冠达邮轮"为名,掀开了世界航运史的新篇章。

(二)邮轮旅游

邮轮旅游,是指以愉悦为目的,通过航班在海上进行旅行,通常会停靠若干港口。它是最具争议性的旅游产品之一,属于海上旅游和休闲市场的一部分。它还是一种组合型的海洋休闲旅游产品,一种多功能、复合型,以及可塑性很强的旅游产品,它可以组合海上休憩、观光、度假、健身、会议、婚庆、潜水、探险等内容。

邮轮旅游出现于19世纪20年代,深受当时的社会精英分子所青睐。

第十章　邮轮旅游出行方式研究

在第二次世界大战中因为飞行技术的发展而衰落,20 世纪下半叶,邮轮公司通过提高游轮容量、改变航行周期、价格和路线、细分目标市场等新策略吸引年轻游客,邮轮旅游出现了全面的复兴,自 1980 年开始,年均以 8% 的增长速度发展。在经历了起步、成长阶段后,邮轮旅游正进入成熟发展阶段,2006 年全球邮轮总数达 270 多艘,载客量超过 1 200 万人。

1. 邮轮旅游与其他旅游方式的比较

(1) 邮轮本身就是旅游目的地。参加邮轮旅游要真正投入到邮轮的活动中去,享受美食、欣赏节目、参与互动等。邮轮旅游除了船上和海上的精彩生活外,邮轮每到一地的岸上行程也是整个旅游过程中最值得期待的。每到一个海滨城市,游客可上岸体验不同的自然风光、风土人情、生活方式。

(2) 旅游过程的高消费性。按照世界旅游组织的统计,参加邮轮旅游的每名游客平均在邮轮住宿 6.9 天,人均消费 1 341 美元,比国际旅游人均消费 740 美元高出 601 美元。

(3) 强大的产业带动性。邮轮旅游可用 1∶10 以上的高比例带动多种产业共同发展,邮轮旅游对旅游业和城市经济的拉动作用不言而喻。通常情况下,平均每条大型邮轮承载游客 2 000 人左右(超大型邮轮平均载客 3 500 人),相当于 6 架"波音 747"客机的载客量,给接待城市的市内交通、景点、餐饮、娱乐、购物等行业带来大量的客源和收入。一部分落地游客除了游览当地的风景名胜外,还利用邮轮在港口停泊的时间,乘汽车、火车或飞机前往港口周边乃至内地的著名城市、风景名胜和度假地旅游,对其他地区的旅游辐射拉动作用明显。而且大型邮轮需要停泊港口城市为其提供包括码头停泊拖靠、船用淡水、燃料、物料、食品、修船、清洁等服务,形成了邮轮经济产业链。邮轮旅游的发展还有效地促进了就业。2006 年,邮轮业为美国创造的直接就业岗位高达 113 601 个,间接就业岗位 40 262 个。

2. 邮轮航线分布

目前，世界邮轮航线分布比较广泛。其中，加勒比海、百慕大地区占27%，地中海和欧洲占21%，夏威夷、美国西海岸、加拿大占18%，阿拉斯加占12%，北欧航线占7%，东南亚、大洋洲占10%，其他航线占5%。

3. 邮轮旅游服务

一般情况下，无论是因公或因私出行，游客首先选择旅行目的地，对提供的观光、餐饮和礼品服务等有很大的选购空间。显而易见，无论是对母港还是停靠港而言，邮轮的停靠都会带来大批游客上岸游览和消费，当地经济因此而受益。

（1）登船前游览。当游客到达邮轮母港所在的城市后，有些会聚集在港口周围，等待直接登船，而有的则会计划用一天或更多的时间顺便在当地游览。最便捷的登船前旅游是采取航空、海上包价旅游，从邮轮公司或通过旅游代理都可以购买到这种产品。典型的登船前包价旅游是婚礼包价旅游——新人们出发前在邮轮上举行婚礼仪式及宴会，之后随着邮轮的起航开始他们的蜜月旅游。通过邮轮公司购买登船前或离船后的包价旅游，能够为游客带来很多便利，只要通过电话或电脑，便能轻松完成预定。邮轮公司的咨询人员可以帮助游客解决各种疑难问题，而且通过邮轮公司预定的机票或住宿的价格会比较低。

（2）中途挂靠港的岸上旅游。作为旅行安排的主要组成部分，多数邮轮都会在航行途中停靠若干个港口。邮轮游客在船舶停靠期间的活动大致有四种：继续留在船上自由活动；由邮轮组织到岸上观光；通过旅行社参加团队游览或某些特殊活动（如潜水等）。这些旅行社通常会在码头或其附近招揽游客，并为游客提供各种交通工具；自行游览港口及附近地区。对此，有的邮轮公司会为游客提供停靠的游览图供他们参考。图11-1为邮轮游客岸上活动分类情况。

第十章　邮轮旅游出行方式研究

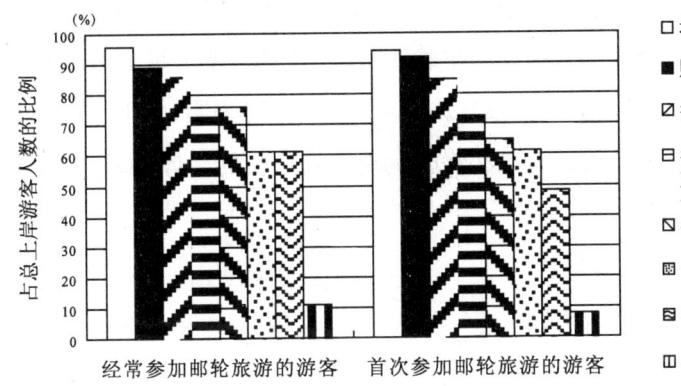

图 11-1　邮轮游客岸上活动分类情况

二、邮轮旅游市场发展现状与趋势

（一）世界邮轮旅游市场的发展趋势

综合以上分析，未来世界的邮轮旅游市场将呈现出下列发展趋势：

（1）规模经济将推动世界邮轮逐步走向大型化、邮轮旅游产品消费与选择的多样化，其规模效益将促进邮轮旅游价格大幅下降，反过来又促进邮轮旅游市场更加大众化、普及化和游客年轻化。预计到 2016 年，世界邮轮旅游有望突破 2 000 万人次大关。

（2）全球邮轮旅游市场垄断竞争的格局还将继续下去，三大邮轮集团公司高度掌控邮轮市场的程度有增无减，但小型邮轮公司通过市场的灵活经营仍拥有较好成长前景和较大利润空间。

（3）北美市场以其在世界邮轮旅游市场的绝对优势，继续占据世界邮轮产业的中心并保持其龙头地位；环加勒比海地区将继续保持世界首选邮轮旅游目的地的地位；欧洲市场将紧随北美出现稳定、快速的增长势头；在 21 世纪的前 20 年内，亚太地区将诞生新的邮轮母港及更多的挂靠港，此地区的邮轮旅游有望从此由萌芽期步入高速成长期。

(4)邮轮游客的构成将发生明显变化。早年的邮轮乘客多半是富有的退休人士。据预测,邮轮游客的年龄还将继续降低,越来越多的年轻人加入到邮轮旅游这种新型的度假方式中来。这一态势表明,由于邮轮旅游目标人群的扩大,邮轮旅游人数必将会呈现继续增长的趋势,邮轮公司未来的利润也会不断增长。

(二)我国邮轮旅游现状

目前,我国邮轮产业仍处于感知和认识阶段。真正意义上的跨国邮轮公司及其总部尚未在我国实现商业性存在,航线密集的邮轮基本港和邮轮母港尚未形成。

我国人均国内生产总值在世界的排名仍处于100位以后。我国邮轮市场的总体经济支撑度不够,旅游市场仍具有初期成长特征。我国部分游客一般是乘飞机前往中国香港、新加坡,继而参加邮轮旅游。据不完全统计,2001年,我国居民前往中国香港、新加坡,再参加邮轮旅游的人数为8 325人,2002年激增为5.38万人,几乎是2001年的7倍,2004年达9.3万人,近几年更是直线增长。

1. 我国邮轮旅游客源状况

总体而言,我国的邮轮旅游业尚处于起步阶段,旅游市场对邮轮旅游这种新生事物还处于认知阶段。我国邮轮游客的出现仅有几年的历史,人数也十分有限。但是,随着中国经济的强力推动,将会极大地促进我国邮轮产业的发展,旅游市场中的高端消费群体——出境游客必将纷纷投向邮轮旅游市场,逐步成为世界邮轮客源的重要一极。

在我国,随着境外旅游市场的进一步开放,出境旅游休闲文化已经成为人们新的生活时尚,出境旅游由2000年的1 047.26万人次增至2009年的4 766万人次。这组数字显示了我国出境旅游市场所蕴涵的巨大潜力。我国出境旅游人次目前在全球名列前茅,城市居民出境游的比例大幅增加,我国已经成为全球最大的出境旅游市场之一。其中,出境至日本、韩

第十章 邮轮旅游出行方式研究

国、新加坡、马来西亚、泰国等亚洲国家的人数占整个出境人次的80%左右,亚洲各国仍为中国公民出境游的首选。

邮轮旅游方式的出现开始引起我国居民的关注,一些出境的游客纷纷选择此方式出境旅游。据统计,2001年邮轮旅游为8 325人次,2002年为53 816人次,是2001年的6.5倍。2003年由于"非典"的影响致使邮轮旅游有所回落,但2004年邮轮旅游人次又大幅增长。可以预见,当我国的邮轮母港和挂靠港建成后,邮轮旅游将成为出境游中最吸引人的旅游项目,邮轮旅游人次将会呈现飞跃式增长。

2. 我国居民出境旅游消费特征

(1)我国居民出境旅游市场的规模正在逐渐扩大,中等收入家庭逐渐成为出境旅游市场的中坚力量,在出境旅游者中高学历、从事较高收入职业的中青年人占很大比重。

(2)对于出境旅游者来说,出境旅游不是一次性消费,重复消费者占很大比例,约有一半的出境旅游者认为,出境旅游虽然花费很高,但并不是重大消费决策。

(3)出境旅游者获取信息的途径主要是报纸和杂志上的广告,另外,来自亲朋介绍的口碑宣传也是出境旅游者一种主要的信息获取手段,旅游者在选择产品时,价格是主要的考虑因素之一,而在选择旅行社时,品牌因素则占主导地位。

(4)旅游者出境旅游的目的主要在于放松身心、增长见识,但是最大的消费项目却体现在"购物"方面,多数旅游者对于在旅游中要在旅游团费之外自行支付一定费用于参加活动或购物表示认可,但大部分人不希望自费部分的比例过高。

(5)从出境旅游者未来的消费倾向看,大多数人依然愿意通过旅行社进行出国旅游活动,参观游览依然是大多数人所偏好的旅游项目,而欧洲、澳洲、美国等发达国家和地区是多数旅游者心目中向往的目的地所在。

3. 邮轮旅游动机分析

参加游轮旅游的动机比较复杂,有的仅仅是因为好奇,有的则是由于旅行社的推荐,归纳起来,大致有以下几种。

(1)邮轮旅游是一种省心、省事的度假方式。人们在航行过程中只需一次开装行李,免除了搬运行李的烦恼,因而能够最大限度地享受假期可利用的时间。

(2)邮轮旅游能够使人摆脱尘世的烦恼。邮轮旅行会使游客彻底远离城市的喧嚣与繁忙,取而代之的是海阔天空、令人舒适的天然景观。

(3)邮轮旅游能够使人们享受从未体验到的豪华生活。一切几乎无法在现实中享受到的生活方式在邮轮旅游中却是最常见的。

(4)大多数邮轮旅游都会为游客预先安排种类繁多的活动,游客在拥有广泛选择的同时还需要充分的自由。与普通旅行中疲于跟随旅行社的行程安排而极少有自由活动时间的情况相比,邮轮游客可以毫无约束地在船上自由安排活动内容。比如,清晨在甲板上欣赏日出,在图书馆读书,在餐厅喝下午茶、在酒吧里聚会,在赌场里一试身手,甚至在客舱里睡上几天几夜等。虽然邮轮上的活动会因船舶和邮轮公司的不同而各异,但是都能保证各类游客尽情享受自己喜欢的旅游度假方式。

(5)邮轮旅游能够比常规旅游行程到达更为广阔的区域。邮轮旅游线路通常覆盖广泛的地域面积,所到之处必为游客最感兴趣的景点。据研究资料显示,有超过80%的游客将邮轮旅游视为能够游览更多度假胜地的最佳方式。而且,很多旅游景点的最佳游览方式也只能靠乘船来实现,如阿拉斯加、加勒比海、地中海、印度尼西亚,以及挪威海峡等景地。

(6)邮轮旅游能够为交友提供更为广泛的机会。邮轮旅游途中可以遇到很多新面孔,社交的机会也无处不在。正是由于游客们的相同爱

第十章 邮轮旅游出行方式研究

好——选择同一条船、同一个航程和同一个目的地——会使彼此结下深厚友谊。

（7）邮轮旅游能够带给游客浪漫的经历和感受。许多电影、戏剧、歌曲和书籍等都是以海上航行作为故事的题材与背景，从一个侧面说明邮轮旅游所蕴涵的浪漫色彩。

（8）邮轮旅游能够满足不同游客的各色需求。有些游客参加邮轮航行的目的未必是度假，很多公司包下整艘邮轮开展商务活动。据调查，每一种曾经参加过邮轮旅游的消费群体，包括与家属同游、单身旅游，以及各种组织成员、老年者、少年者、运动爱好者、知识渴求者等，都对邮轮旅游有积极的评价。这是其他类型的旅游方式从未有过的。

（9）邮轮旅游具有强大的品牌宣传效应。邮轮旅游这一高档旅游形式凭借其日益凸显的强大品牌效应成为旅游市场热捧的重点。同时，借助媒体的宣传，有过邮轮经历的人也将此经历作为"时髦"之事广为传播。有关研究表明，亲友、熟人的口碑宣传，是吸引游客选择邮轮旅游的首要原因之一。在心理层面上，人们选择邮轮旅游的一个不可忽视的原因是此次经历可以成为他们日后"炫耀"的话题。

（10）邮轮旅游是一种比较安全的旅行方式。对于当今犯罪和恐怖主义猖獗的年代，邮轮旅游是少有的、可供选择的、最安全的度假方式之一。一般情况下，邮轮上有着严谨的管理制度和手段，任何异常情况都能迅速地被察觉到，在登船或离船时都会受到严格的安检及监控。而且，船上的构造特征和配有的安全装置能够保证船舶安全航行。

（11）邮轮旅游能够使游客体会到"物超所值"的感受。邮轮旅游是"性价比"最高的旅游方式之一。如果对参加邮轮旅游所获得的满足感和充实感与参加其他旅游所花费的费用进行比较，人们会明显发现邮轮旅游的价格相对便宜得多，很少有人事后对邮轮旅游的高消费感到后悔。

三、我国出境邮轮旅游产品的营销策略
——以北京城市居民为营销对象

（一）北京邮轮旅游市场现状

虽然北京没有临近港口的优势,但同样吸引了全球邮轮产业的目光,国际邮轮协会首先将北京列为远东地区邮轮访问的重要站点。其原因主要是北京拥有丰富的文化资源和悠久的历史。更重要的是,北京是中国政治和文化的中心,游客资源十分雄厚,通过在北京的中转,可以将众多游客顺势吸引到很近的天津港。

近年来,邮轮旅游受到越来越多中国内地游客的青睐,但是由于多数邮轮公司的航线都设立在中国香港或境外,中国内地游客只得乘坐飞机抵达邮轮出发地,既带来诸多不便,又增加了旅游成本。据调查,最便宜的前往中国香港的邮轮之旅也需要 5 000～6 000 人民币。自 2006 年 4 月 15 日起,丽星邮轮将其旗下的"白羊巨星号"邮轮从原来的泰国、柬埔寨航线调配到中国华北、东北至韩国的航线,以便于中国北方的游客无须花费太多的"周折"及费用从天津港乘坐豪华邮轮旅游。2007 年 8 月,由歌诗达邮轮公司设立的以天津港为基本港,以韩国济州、日本长崎为旅游目的地的航线正式开通。

（二）2010 年针对北京城市居民销售的出境邮轮旅游产品线路

2010 年,针对北京城市居民销售的出境邮轮旅游产品线路主要分七个部分:主要包括日本、韩国地区;新加坡、马来西亚、泰国地区;中国香港、中国台湾地区;三亚、越南地区;地中海地区;加勒比海地区;北美地区。

（三）针对北京游客的出境邮轮旅游产品的(SWOT)分析

1. 优势分析

（1）价格适中。过去,邮轮旅游的价格一直都是七八千元到两三万元

第十章 邮轮旅游出行方式研究

不等。但随着邮轮产品的不断丰富，邮轮旅游的价格也逐渐下调。从天津港出发，游览日、韩两国的报价仅仅在四五千元。这在很大程度上扩大了邮轮旅游的市场，使邮轮旅游产品更加大众化。

（2）十分注重安全性。邮轮旅游是一种比较安全的旅行方式。邮轮上的设施、设备大多用铁架子、铁栏杆等固定。由于处在水上的客观条件限制，客房中不会有如陆地酒店般庞大的设施，如客房的灯均是小巧型。为了防止在邮轮上沐浴滑倒，浴缸的喷淋头是在侧面靠近手的地方，而不是头上。

此外，为了确保乘客的身体健康，豪华邮轮上也有医生和专门的医疗室。如果客人病情紧急，就会联系当地的海岸警卫队，甚至要求派直升机来接收病人。总之，在豪华邮轮上，顾客能享受到即时的治疗服务，不用担心突发病情的发生。豪华邮轮提供的饮食也是绝对安全的。邮轮会在靠岸的码头上运上新鲜的水果蔬菜，以备不时之需。淡水从码头运上后，会经过专门的净水设施处理，成为净水。游客人身安全是旅游活动顺利进行的最大保障。

（3）不同于常规旅游，独特的旅游方式十分吸引游客。邮轮旅游让人最看重的一点是可以免去舟车劳顿。普通的旅游方式带给游客的，是飞机、火车、汽车不停倒的疲惫行程。而邮轮旅游则能让游客在游玩、运动、观看表演、甚至是推杯换盏间轻松出行。可以说是酒店跟着客人跑的轻松旅游。邮轮旅游能够使人们享受从未体验到的豪华生活。一切几乎无法在现实中享受到的生活方式在邮轮旅游中却是最常见的。

（4）产品形式多样化。目前，主题旅游已经成为一些邮轮公司招揽游客新的卖点，推出的主题化旅行和适合家庭的邮轮旅游产品逐渐升温，为旅客出游提供了更多的选择。以往提起邮轮旅游，人们很容易想到度蜜月旅行的新婚夫妇，或者退休无事可做的老年人。现在，游客的成分已经开始发生变化，人们开始注重与自己关心的人一起度假，家庭旅游成为主体。

父母带着孩子或者老人一起旅游，不少是利用家庭纪念日举家出游，在豪华旅游船上，全家人一起用餐、一起玩游戏，然后再分头行动，寻找自己感兴趣的活动。越来越多的儿童开始参加邮轮旅游，邮轮上有为小孩准备的各种游戏活动，有为年轻人准备的舞会，成年人则可以享受水疗和室内运动，或者参加专题讨论会，等等。邮轮公司通过服务创新和调整营销模式吸引新老旅客，以使船舶达到更高载客率和更多的回头率。

2. 劣势分析

（1）销售渠道少。目前，北京的旅行社只有少数几家经营邮轮旅游产品，邮轮公司虽可直接销售自己的邮轮旅游产品，但在帮助游客办理签证和解决到达港口的交通方面仍需要有资质的旅行社的协助。

（2）交通费用高，需周转。虽然北京离天津港很近，但因为气候的因素，在天津港停靠的邮轮一年中只有半年多时间可以在天津港停靠，除了日、韩两国的邮轮旅游产品在天津港登船外，多数邮轮公司的航线都设立在中国香港或境外，游客需要从北京乘坐飞机或火车前往其他城市或其他国家抵达邮轮出发地，这在一定程度上增加了旅游交通的费用。

（3）宣传促销力度不够。邮轮公司与旅行社对邮轮旅游产品的宣传不够全面，对游客的吸引力不足。邮轮旅游产品对北京居民来说本是一个比较陌生的旅游产品，如不大力宣传促销，很难使大家知道和了解这种新兴的旅游产品。在价格上，也应打破人们固有意识形态中邮轮旅游是十分昂贵的旅游产品的概念。

3. 机会分析

（1）交通优势。北京地区交通十分便利，对外交通网络发达，这对邮轮旅游产品在北京的销售起到了积极的作用。从北京出发的邮轮旅客，不管从哪个港口登船，都可通过北京便利的交通条件顺利到达邮轮停靠的港口。

（2）市场优势。目前，北京已经形成一批中产阶层和富裕阶层，客观

第十章 邮轮旅游出行方式研究

上具备了邮轮旅游的物质基础。根据北京出入境边防检查总站提供的统计数据,截至2010年1月1日零时,2009年北京口岸出境人数总计为693.5万余人次,该口岸可开拓的前景惊人。正是北京市场蕴藏着巨大的邮轮旅游潜力,世界邮轮公司最近几年纷纷调整战略,皇家加勒比、歌诗达等国际邮轮公司相继进入北京市场,启动针对北京游客的航线计划。歌诗达邮轮进靠天津港,则为游客降低了至少2 000多元的交通成本,为邮轮旅游开拓北京市场打下了坚实的基础。歌诗达公司开启了从天津出发的日、韩邮轮旅游航线,从而结束了北京周边港口没有邮轮旅游线路的现状。

天津港国际邮轮母港位于东疆港区南端,与中国目前最大的保税港区——东疆保税港区毗邻,总体规划面积160万平方米,岸线长度2 000米,建设6个大型邮轮泊位。初期开发面积70万平方米,建设两个大型国际邮轮泊位及配套客运站房,码头岸线长625米,可停靠目前世界上最大的邮轮,设计年旅客通过能力50万人次。天津市于2007年出台了《天津市促进旅游资源整合开发规定》,要求港口、铁路、民航、海关、边检等部门采取措施,协同旅游行政管理部门推动旅游包机、旅游专列和大型邮轮旅游的开展;对通过包机、专列和邮轮大量招徕游客的旅游企业和个人,从市旅游发展资金中给予奖励。

2010年,全球两大顶级邮轮公司——意大利歌诗达邮轮公司、皇家加勒比国际邮轮公司,分别决定把天津港作为"歌诗达浪漫"号和"海洋神话"号的停靠母港。今后,天津港还将通过采取多项优惠措施吸引国际邮轮公司落户增开航线,将有望成为中国北方最大的邮轮母港。

按照天津港邮轮接待计划,"歌诗达浪漫"号于2010年6月26日至8月19日在天津港开行10个航次,"海洋神话"号将于2011年7月31日至10月7日在天津港开行8个航次,分别带领游客进行为期6晚7天和7晚8天的日、韩之旅。

4.威胁分析

(1)产品供应不足,导致旅行社争抢稀缺资源,竞争激烈。以天津港为出发地的邮轮旅游产品十分受北京地区游客的欢迎,但受到邮轮班次和泊位的限制,导致出现供不应求的现象。为了能够拿到邮轮公司的舱位,北京各大旅行社竞争激烈,纷纷采取加价、包船等竞争手段。这在一定程度上使邮轮旅游这种高端旅游产品的形象受到打击。

(2)团队观光旅游市场占有率高。传统团队观光旅游属于旅游的初级阶段,对于首次出境的游客来说,团队旅游可以一次性游览目的地国家的多个城市、多个景点,价格相对邮轮旅游也便宜许多。大多数中国人仍将邮轮认做一种交通工具,而乘坐交通工具通往目的地的行程通常不被认为是旅游活动。这样,很多游客在潜意识中将邮轮排除在旅游休闲方式的选择之外。邮轮旅游推崇的是个性化服务,参加者可随意安排自己的活动,特别是邮轮的岸上游览项目,自主性很强。而中国团体游客普遍接受的方式是由导游带队来安排一切,所以短时间内难以适应。

(3)旅游线路只停留在港口周边。邮轮旅游的上岸游线路虽然也有多种产品供游客选择,但因为受港口停留时间的限制,大多数线路都是停留在靠岸港口周边的短程旅游。这在一定程度上减少了对游客的吸引力。

(4)对这种新兴旅游方式比较陌生。尽管邮轮旅游市场在欧美已经发展成熟,但对于大多数北京地区的居民来说,邮轮还是一个比较陌生的概念。很多北京居民对邮轮旅游缺乏一定的了解。如不少人对邮轮的认识仅限于其豪华外观和昂贵费用,对邮轮的构造和主要设施、世界主要邮轮公司及其产品、邮轮上的活动安排,以及上船前的准备工作等都不熟悉。所以,对于这种高端旅游产品,许多北京居民并不敢轻易尝试。

(5)邮轮服务环境不完善。邮轮游客通关程序烦琐,港口设施落后、接待能力弱等。

5.市场营销策略的建议

（1）产品策略。市场定位，邮轮旅游产品可以定位为高端旅游产品。目前，针对中国游客参与邮轮旅游情况的市场调查很少，因此难以把握真实的市场情况。尽管20世纪90年代初世界就出现了"大众化"邮轮旅游的概念，但在中国，邮轮旅游仍属于高档次的旅游项目，简单地说，它是为有钱人设计的度假方式。所以，近阶段的市场目标应主要针对高收入人群。从市场走势来看，深度旅游产品、高品质的高端旅游产品的市场份额将进一步加大，尤其在常规组团游的盈利越来越薄的情况下，高端旅游为旅行社提供了很大的空间进行产品设计。特色高端旅游能够完成一些旅游者自己难以达到的旅游目的和难以实现的旅游体验。因此，邮轮公司应抓住这一契机，认识到高端旅游所带来的旅游消费结构的变革，根据不同的旅游消费结构，开拓多层次、多样化的邮轮旅游市场。

积极开发适应中国旅游者需求的邮轮旅游产品。邮轮旅游除了岸上观光外，最重要的体验是在邮轮行驶过程中。许多沿海港口城市有秀丽的风景，因此，针对国内游客初次体验的内海航线的开辟应该比较有市场。一般邮轮旅游产品的上岸游只局限在港口周边游览，这已经不能满足邮轮游客的需求。应适应游客需要，制定邮轮目的地的深度旅游、文化体验旅游等游览线路，游览时间可定为1～2天，而不是3～6个小时。

除了航线设计外，船上各项相关服务设施及娱乐活动的安排也一定要符合中国游客的习惯。邮轮上的设施、服务与餐饮应适应中国居民的生活饮食习惯加以调整，因为大多数邮轮是从欧美地区调到亚洲地区服务的，船上的船员与设施大多适应了欧美地区游客的生活饮食习惯，但邮轮公司应及时调整邮轮的配套设施与服务，更快、更好地为中国游客服务。

（2）价格策略。邮轮旅游产品是一种高端旅游产品，应与传统团队旅游区分开，为了给游客提供优质的服务与享受，在定价方面绝不能走低价路线。实行差异化定价策略，邮轮上的不同舱位价格不同，上岸游不同的行程价格差别也很大,可以满足各个群体的消费能力。

(3)渠道策略。加大对邮轮旅游的宣传力度,转变游客的出游观念。目前,不少游客未把邮轮旅游当做一种旅游休闲方式,无法理解外国人在邮轮上一本书、一杯水、晒着太阳过一天的休闲旅游方式。因此,要加大对邮轮旅游的宣传力度。此外,邮轮旅游的高消费也是令许多游客望而止步的原因。应通过各种渠道进行销售与宣传。邮轮代理在邮轮的经营中非常重要,因为邮轮并不只是从甲地到乙地的交通方式,它实现的是一种感受和经历,而不是物质商品。要判断哪种邮轮旅游适合哪些特定的人群,是一项复杂而敏感的课题,需要专业旅游代理的经验。

目前,全球邮轮中有95%的客舱是经旅行社售出的。2002年,美国旅行社赚取了约10亿美元的邮轮旅游销售佣金,同时为美国创造了近3万个就业岗位。另外,网上直销也成为邮轮销售的新趋势。

邮轮公司应通过邮轮代理的方式,通过各大旅行社和旅游网站销售、宣传自己的邮轮旅游产品。这是使北京居民最快获得邮轮旅游产品相关信息的渠道。但邮轮公司应通过考察和招标的方式来确定出售其产品的旅行社,从中选择优秀的代理来保持邮轮公司的良好形象。

(4)促销策略。通过广告、宣传册、网站、植入性广告等方式大力宣传邮轮旅游产品。保持跟邮轮游客的良好关系,有利于邮轮公司邮轮旅游产品的宣传。通过邮轮游客的口头宣传,更容易使中国游客信服。

第五篇

不同群体旅游出行方式的行为特征研究

由于工作场地和任务、休闲和旅游联系的密切而促进了交往比较频繁、或行为模式相仿的群体,即非正式群体,他们通过满足其成员的个人需求和社会需要而呈现各具特色的行为特征。所以,我们可以看到:商务旅客在一起乘坐飞机;参观城市中心区的游客一起乘坐敞篷式双层环行观光车;老年人则以步行的方式逛公园,等等。

由于不同群体对旅游出行方式的诉求不同,从而具有迥异的行为模式和个性鲜明的消费特征。比如:商务旅客多采用飞机出行,追求机场地面服务的快捷、高效而不太顾及成本;进入城市核心区(尤其是高楼林立,或老城路网密集、道路狭窄的地区)的游客则希望乘坐敞篷式双层环行观光车,以更高、更开阔的视角、更具有导览功能的解释和线路设计、更优惠的价格遍览城市;而老年人群体由于受身体条件、经济条件等因素制约,则更脚踏实地一些,最喜好安全、价廉的徒步旅游出行方式,抵达以本市为主的旅游目的地。

第十一章
不同群体旅游出行方式的行为特征研究

一、商务旅客对机场"一体化"便利服务的需求特征研究

作为"空中飞人"的商务旅客,是世界各大机场接待的主力客人。为了延伸机场地面服务,以期为商务旅客量身打造快捷出港与完美抵达的一体化乘机流程,不同机场均作出了一些有益尝试。以首都机场旅客便利服务公司为例,他们致力于"一体化服务"产品的完善性研究与开发,于2011年3月由本项目组协助完成调研工作(如图12-1所示)。调查工作于两天内针对首都机场2号和3号航站楼出港的、46个国内及出境航班,从中甄选中外商务旅客进行随机抽样调查,共取得有效样本188个。调查内容涉及商务旅客对机场延伸服务项目的需求程度,以其消费意愿等方面。

(一)商务旅客对机场延伸服务项目的需求程度

调查表明,机票预订延伸服务为商务旅客需求之首(详见表12-1),其他具有较高需求的机场延伸服务项目依次为机场服务设施及疑难咨询、代办托运行李提取和寄存或送达、专用休息室、提前上门提取行李并代办托运及值机服务、代订酒店及北京旅游咨询、乘坐航站楼内代步车、中转停留城市观光游,以及专用值机柜台等。从包括两项与旅游有关的服务需求在内的、商务旅客对机场各项延伸服务的需求,总体上体现为效率优先、充

第十一章 不同群体旅游出行方式的行为特征研究

图 12-1 机场"一体化服务"产品调研

上图为 2011 年 3 月拍摄于首都机场 T3 航站楼,参与调查工作的北京联合大学旅游学院学生正在听取机场工作人员的工作部署。

分利用时间的原则。因此,就同样要求服务提供者在提供相应服务时,也一定要注重效率。

表 12-1 描述统计量(4 点量表)

	N	极小值	极大值	均值	标准差
机票预订延伸服务	188	1	4	3.02	1.107
代订酒店及北京旅游咨询	188	1	4	2.57	1.065
礼宾车辆派送服务	188	1	4	2.06	1.117
贵宾专用停车位	188	1	4	2.04	1.123

续表

	N	极小值	极大值	均值	标准差
提前上门提取行李并代办托运及值机服务	188	1	4	2.66	1.147
专用值机柜台	188	1	4	2.56	1.157
专人全程陪同出港流程服务	188	1	4	2.14	1.124
专用休息室	188	1	4	2.68	1.195
乘坐航站楼内代步车	188	1	4	2.57	1.094
机场服务设施及疑难咨询	188	1	4	2.86	1.091
专人全程陪同进港服务	188	1	4	2.22	1.115
接机鲜花服务	188	1	4	1.82	1.011
代办托运行李提取和寄存或送达	188	1	4	2.78	1.015
中转停留城市观光游	188	1	4	2.56	1.050
航站楼间转机全程陪同	188	1	4	2.21	1.082
陪同、值机、行李托运等服务打包-套餐费	188	1	4	2.48	1.037
有效的N(列表状态)	188	—	—	—	—

（二）商务旅客对机场延伸服务项目的消费偏好

（1）商务旅客选择机场地面一体化服务时,最看重的服务特性为便利性,占56.9%,其次是快捷性,占45.7%。

（2）对这一服务内容的了解希望通过网络平台的方式,占71.8%。

第十一章 不同群体旅游出行方式的行为特征研究

(3)对于专用休息室的服务,希望能够提供休闲娱乐服务的商务客人占52.7%,这其中66%的受访者希望提供上网服务、39.4%的人希望提供视听服务、还有23.4%的受访者希望提供足疗保健服务;对于专用休息室的服务,一半的商务客人希望提供饮料点心服务。

(4)对于此类特别服务项目收费的意见,51.6%的受访者认为应以服务旅客为主,尽量免费或在满足成本的前提下低收费;还有42%的人认为要充分考虑客户需求,应与目前市场同类可比的服务产品同质同价,以三星酒店服务定价为基准,合理收费。

(5)在享受机场地面一体化服务时,商务客人所愿支出的费用范围,42%的受访者在100~200元、31.4%的受访者为100元以下,还有近20%的受访者认为只要能提供完善的服务,价格在合理范围内不受限制。

(6)商务旅客对于在享有机场地面一体化服务时,消费结算方式的选择偏好集中趋势不够明显,40.4%的受访者选择了银行卡或其他大型机构会员卡结算,30.3%的人选择了已有银行卡积分、航空里程其积分等其他机构会员卡积分结算,1/4的受访者选择了现金结算,还有19.7%的人选择了购买专用会员卡,以网络结算方式。

二、来北京国内游客在皇城中游览的交通方式偏好

北京城市中轴线,南起永定门、北至钟楼,全长7.8公里,这条始于元代的"城市脊梁",不仅将整个北京城统领成一个不可分割的整体,从而产生出独有的壮美秩序,而且成为北京城"文脉"中的主脉。在这一主脉上及其两翼区域,遍布着几十处旅游景区(点)及休闲、购物街区,从而构成皇城游览的主要对象。这一区域胡同集中、街道狭长,人流、车流如织,道路相对狭窄、拥挤。因此,交通方式的选择,在很大程度上决定了游览这一区域游客的效率与旅游体验满意度。根据2011年4月针对来北京的国内

游客272个有效样本的专项调查表明(详见表12-2),在这一区域旅游,受访者最喜欢的交通方式为徒步,居于喜欢程度第二、三、四位的分别是公交车或地铁、自行车、专线观光车。

表12-2 描述统计量(5点量表)

	N	极小值	极大值	均值	标准差
喜好程度-徒步	270	1	5	3.30	1.369
喜好程度-人力三轮车	271	1	5	2.61	1.245
喜好程度-自行车	270	1	5	3.16	1.364
喜好程度-出租车	270	1	5	2.37	1.212
喜好程度-自驾车	269	1	5	2.71	1.424
喜好程度-公交车或地铁	271	1	5	3.23	1.262
喜好程度-专线观光车	270	1	5	3.12	1.344
喜好程度-有轨电车	269	1	5	2.83	1.262
有效的N(列表状态)	269	—	—	—	—

表12-3为Kendall非参数检验。在北京城市中轴线及其两翼这一区域内,受访者希望有统一的解说服务系统,与此区域内的循环观光交通工具相关,还与此区域内的全程优惠套票相关。即上述三个因素互相关联、正向促进。在此区域内受访者希望有循环观光交通工具,除了与解说服务系统、全程优惠套票相关,还与喜爱专线观光车的程度呈正相关;喜爱有轨电车的程度与喜爱专线观光车的程度呈正相关。

第十一章 不同群体旅游出行方式的行为特征研究

表 12-3 相关系数

			此前是否知道北京城市中轴线	知晓程度-中轴线（点）及其两翼景区或街区	是否知晓在这一区域内分布着许多特色餐饮、传统特色剧场、特色酒店	是否愿意这一区域内有统一的解说服务系统（如便携式解说器，或文字解说资料等），以便于您了解北京中轴线的历史与现代的变化和特点	是否愿意这一区域内专有的随上随下的观光交通工具（如环行观光车，或租赁的自行车等）在区域内循环服务	是否愿意在这一区域内采用全程优惠套票（套票可使用全程交通、门票及解说系统服务）	喜好程度-专线观光车	喜好程度-有轨电车
Kendall 的 tau-b	此前是否知道北京城市中轴线	相关系数	1	.412	.262	.072	-0.026	.059	-0.046	-0.05
		Sig.（双侧）	—	0	0	.167	.609	.254	.364	.327
		N	264	259	263	264	264	264	262	261
	知晓程度-中轴线（点）及其两翼景区或街区	相关系数	.412	1	.448	.118	.02	.093	-0.016	.027
		Sig.（双侧）	0	—	0	.023	.699	.072	.757	.593
		N	259	267	266	267	267	267	265	264
	是否知晓在这一区域内分布着许多特色餐饮、传统特色剧场、特色酒店	相关系数	.262	.448	1	.103	.028	.028	-0.007	-0.013
		Sig.（双侧）	0	0	—	.046	.592	.587	.884	.8
		N	263	266	271	271	271	271	269	268
	是否愿意这一区域内有统一的解说服务系统（如便携式解说器，或文字解说资料等），以便于您了解北京中轴线的历史与现代的变化和特点	相关系数	.072	.118	.103	1	.487	.359	.203	.103
		Sig.（双侧）	.167	.023	.046	—	0	0	0	.043
		N	264	267	271	272	272	272	270	269

续表

		此前是否知道北京城市中轴线	知晓程度-中轴线及其两翼景区(点)或街区	是否知晓在这一区域内分布着许多特色餐饮,传统特色剧场,特色酒店	是否愿意这一区域内有统一的解说服务系统(如便携式解说器,或文字解说资料等),以便于您了解北京中轴线的历史与现代的变化和特点	是否愿意这一区域提供专有的随上随下的观光交通工具(如环行观光车,或租赁的自行车等)在区域内循环服务	是否愿意在这一区域内采用全程优惠套票(套票可在数日内使用,包括全程交通,门票及解说系统服务)	喜好程度-专线观光车	喜好程度-有轨电车
Kendall 的 tau-b	是否愿意这一区域提供专有的随上随下的观光交通工具(如环行观光车,或租赁的自行车等)在区域内循环服务								
	相关系数	-0.026	.02	.028	.487	1	.335	.310	.09
	Sig.(双侧)	.609	.699	.592	0	—	0	0	.074
	N	264	267	271	272	272	272	270	269
	是否愿意在这一区域内采用全程优惠套票(套票可在数日内使用,包括全程交通,门票及解说系统服务)								
	相关系数	.059	.093	.028	.359	.335	1	.194	.058
	Sig.(双侧)	.254	.072	.587	0	0	—	0	.249
	N	264	267	271	272	272	272	270	269
	喜好程度-专线观光车								
	相关系数	-0.046	-0.016	-0.007	.203	.310	.194	1	.304
	Sig.(双侧)	.364	.757	.884	0	0	0	—	0
	N	262	265	269	270	270	270	270	269
	喜好程度-有轨电车								
	相关系数	-0.05	.027	-0.013	.103	.09	.058	.304	1
	Sig.(双侧)	.327	.593	.8	.043	.074	.249	0	—
	N	261	264	268	269	269	269	269	269

说明:**在置信度(双侧)为0.01时,相关性是显著的。

*在置信度(双侧)为0.05时,相关性是显著的。

第十一章 不同群体旅游出行方式的行为特征研究

三、老年人群体休闲旅游出行行为特征

据 2010 年 11 月进行的第六次全国人口普查数据显示,全国总人口为 13.39 亿人,60 岁及以上人口占全国总人口的 13.26%,比 2000 年上升 2.93 个百分点,其中 65 岁及以上人口占 8.87%,上升 1.91 个百分点,老龄化进程逐步加快。因此,关注老年人,关注他们的休闲生活,是提升其长寿期生活质量的重要方面。

2009 年 4~5 月,我们针对 60 岁以上的北京市常住老年人,分别在东城区的和平里、朝阳区的望京、以及昌平区的天通苑,这三大典型社区进行了分层抽样问卷调查,共取得有效样本 605 个。在调查阶段,具体的分层抽样控制措施包括性别和年龄两个方面,其中从性别角度,要求访问男、女老人各占 50% 左右;从年龄角度,要求访问 60~69 岁的老人控制在 50% 以内,要求访问 70~79 岁的老人控制在 37.5% 左右,要求访问 80 岁及以上的老人控制在 12.5% 及以上。本次调查,同休闲与旅游出行方式相关的问题包括休闲及旅游活动场所、区域及其出行方式。

调查显示,休闲活动场所以社区花园(如图 12-2 所示)和家里为主,分别占受访者的 85% 和 81.3%,另外,社区公共健身器园地和老年活动中心也占有一定的比例,分别可达 46.1% 和 24.5%;而旅游活动场所以市内公园为主,占 49.9%,接近一半,博物馆尽管都已经免收门票,但前去参观的老年人也只有 7.9%。

由于老年人的休闲活动场所是以社区和家里为主,因而他们的活动区域是与之相对应的,以家里、本社区和本区为主,分别占受访者的 79.7%、88.1%、46.8%;而旅游活动的区域相对较大,主要在本市,占 31.6%,还有极少部分在外省和境外,分别占 6.1% 和 2.1%(如图 12-3 所示),由此也可以看出,由于老年人活动能力减弱,活动半径较小,因而制约了部分老年人参与旅游活动。

图 12-2　社区花园为老年人最主要的休闲活动场所

上图为 2009 年 4 月拍摄于北京昌平天通苑社区,北京联合大学旅游学院的学生对正在社区中心花园的老年人进行休闲与旅游出行方式问卷调查。

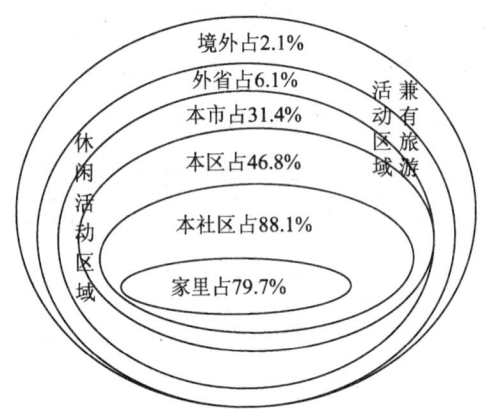

图 12-3　老年人休闲及旅游活动区域分布及构成

　　活动场所控制了活动区域,而出行方式又是与活动区域相匹配的。由于老年人的上述休闲和旅游活动场所与区域特征,则使他们在出行方式选择方面也呈现如下特点,即休闲活动由于主要区域在社区和家里,因此,他

第十一章　不同群体旅游出行方式的行为特征研究

们的休闲出行以步行或骑自行车为主，分别占受访者的 85.1%、21%。老年人的旅游出行以公交车为主，达 59.7%，接近 6 成；其次是家人或朋友驾车带老年人出游的，也占有相当的比例，可达 34.5%；而由于过去中国家庭轿车普及率低，而使现在的老年人多数都不会开车。因此，老年人亲自驾车出游的比例只有 4.5%；在家人和朋友不能帮助的时候，依靠出租车旅游出行的占有 11.7% 的比例；此外，还有少部分单位或团体因对老龄工作的重视，而有 6.9% 的老年人很幸福，能够依靠原单位或社会组织的汽车旅游出行，未来社会化养老是中国的大势所趋，因而依靠社会力量旅游出行应得到大力发展，使更多的老年人幸福旅游出行；除此之外，由于老年人到外省和境外旅游的人数比例较低，因而乘坐火车或飞机旅游出行的比例也就较低，分别占受访者的 6.9% 和 5.6%。

参考文献

[1] Ashley, D. J. Forecasting passenger travel demand – international aspects. Transportation, 1987, 14(2): 147 – 157.

[2] Becken, Susanne. & Patterson, Murray. Measuring national carbon dioxide emissions from tourism as a key step towards achieving sustainable tourism. Journal of Sustainable Tourism, 2006, 14(4): 323 – 338.

[3] Beeton, Sue. Our Future Communities – cycle tourism's contribution. Bike Futures Conference, 15 – 16 October, 2009.

[4] Boehler, Susanne., Grischkat, Sylvie., Haustein, Sonja. & Hunecke, Marcel. Encouraging environmentally sustainable holiday travel. Transportation Research Part A: Policy and Practice, 2006, 40 (8): 652 – 670.

[5] Cole, Gerald L. & LaPage, Wilbur F. Camping and RV travel trends. // LaPage, Wilbur F., ed. Proceedings 1980 National Outdoor Recreation Trends Symposium. Gen. Tech. Rep. NE – 57. Vols. I and II. Broomall, PA: U. S. Department of Agriculture, Forest Service, Northeastern Forest Experimental Station: 165 – 177.

[6] Counts, D. A. and Counts, D. R. Over the Next Hill: Ethnography of RVing Seniors in North America, Second Edition. Peterborough, Broadview Press, 2004.

[7] Couto, Antonio. & Graham, Daniel J. The impact of high – speed technology on railway demand. Transportation, 2008, 35(1): 111 – 128.

[8] Davenport, John. & Davenport, Julia L. The impact of tourism and personal leisure transport on coastal environments: A review. Estuarine Coastal and Shelf Science, 2006, 67(1/2): 280 - 292.

[9] Dawson, Jackie., Stewart, Emma J., Lemelin, Harvey. & Scott, Daniel. The carbon cost of polar bear viewing tourism in Churchill, Canada. Journal of sustainable tourism, 2010, 18(3): 319 - 336.

[10] Dickinson, Janet E., Lumsdon, Les M. & Robbins, Derek. Slow travel: issues for tourism and climate change. Journal of Sustainable Tourism, 2011, 19(3): 281 - 300.

[11] Dowling, R. K. Cruise Ship Tourism. Cabi, Oxfordshire, UK, 2006.

[12] Eijgelaar, Eke., Thaper, Carla. & Peeters, Paul. Antarctic cruise tourism: the paradoxes of ambassadorship, 'last chance tourism' and greenhouse gas emissions. Journal of sustainable tourism, 2010, 18(3): 337 - 354.

[13] Espino, Raquel., Román, Concepción. and Ortúzar, Juan Dios De. Analysing Demand for Suburban Trips: A Mixed RP/SP Model with Latent Variables and Interaction Effects. Transportation, 2006, 33(3): 241 - 261.

[14] Fjelstul, Jill & Severt, Kimberly. Examining the use of RV travel forums for campground searches. Journal of Tourism Insights, 2011, 2(2): Article 4.

[15] Fröidh, Oskar. & Nelldal, Bo - Lennart. Regional high - speed trains on the Sveland line: Evaluation of effects. Railway Development, 2008, Part C: 295 - 314.

[16] Givoni, Moshe. Development and Impact of the Modern High - speed Train: A Review. Transport Reviews, 2006, 26(5): 593 - 611.

[17] GoRVing. Retrieved March 5, 2010 from http://www.gorving.com.

[18] Gunn, H. F., Bradley, M. A. & Hensher, D. A., High speed rail market projection: Survey design and analysis. Transportation, 1992, 19(2): 117-139.

[19] Hardy, A. L., Beeton, R. J. S. and Carter, R. W. Innovation through Iterations: Improving Regional Touring Routes through Survey Research. Regional Case Studies: Innovation in Regional Tourism, (pp. 91-101). Brisbane, Australia, Co-operative Research Centre for Tourism, 2005.

[20] Hardy, Anne. Understanding Self Drive Tourism (Rubber Tire Traffic): A Case Study of Bella Coola, British Columbia. Informed Leisure Practice: Cases as conduits between theory and practice, 2006, 2: 46-51.

http://web.viu.ca/vaugeois/courses/rtri/Case%20volume%202006.pdf.

[21] Holyoak, Nicholas., Carson, Dean. & Schmallegger, Doris. VRUMTM: A Tool for Modelling Travel Patterns of Self-Drive Tourists Information and Communication Technologies in Tourism 2009, 2009, 5: 237-247.

[22] Höyer, Karl G. Sustainable Tourism or Sustainable Mobility? The Norwegian Case. Journal of Sustainable Tourism, 2000, 8(2): 147-160.

[23] Hritz, Nancy. & Cecil, Amanda K.. Investigating the Sustainability of Cruise Tourism: A Case Study of Key West. Journal of Sustainable Tourism, 2008, 16(2): 168-181.

[24] Ingham, Rebecca J. & Summers, Debbie. Falkland Islands cruise ship tourism: an overview of the 1999-2000 season and the way forward. Aquatic conservation, 2002, 12(1): 145-152.

[25] Kraemer, Baerbel. Reducing the environmental impacts of cruise ships in the Arctic and Antarctic. Industry and Environment, 2001, 24(3-4): 27.

[26] Lamont, MJ. Bicycle tourists in Australia: infrastructure, informa-

tion and support service requirements. Tourism – past achievements, future challenges: 17th Annual Council for Australian University Tourism and Hospitality Education (CAUTHE) Conference, Manly, NSW, 11 – 14 February, 2007, University of Technology Sydney, Sydney, NSW.

[27] Lamont, MJ. Reinventing the wheel: a definitional discussion of bicycle tourism. Journal of Sport and Tourism, 2009, 14(1): 5 – 23.

[28] Lamont, MJ. Independent bicycle tourism: a whole tourism systems perspective. Tourism Analysis, 2009, 14(5): 605 – 620.

[29] Larson, Silva & Herr, Alexander. Sustainable tourism development in remote regions? Questions arising from research in the North Kimberley, Australia. Regional Environmental Change, 2008, 8(1): 1 – 13.

[30] Lee, Ming S. & McNally, Michael G.. On the structure of weekly activity/travel patterns. Transportation Research Part A: Policy and Practice, 2003, 37(10): 823 – 839.

[31] Lee – Ross, Darren. Occupational communities and cruise tourism: testing a theory. The Journal of Management Development, 2008, 27 (5): 467 – 479.

[32] Leiper, N. Tourism management (3rd ed.). Frenchs Forest, NSW: Pearson Education Australia, 2004.

[33] Lester, Jo – Anne. & Weeden, Clare. Stakeholders, the Natural Environment and the Future of Caribbean Cruise Tourism. International Journal of Tourism Research, 2004, 6(1): 39 – 50.

[34] Levinson, David., Mathieu, Jean Michel., Gillen, David. & Kanafani, Adib. The full cost of high – speed rail: an engineering approach. The Annals of Regional Science, 1997, 31(2): 189 – 215.

[35] Limtanakool, N., Dijst, M. & Schwanen, T. On the participation

in medium – and long – distance travel: A decomposition analysis for the UK and The Netherlands. Tijdschrift voor economische en sociale geografie, 2006, 97(4): 389 –404.

[36]Lue, C., Crompton, J. and Fesenmairer, D. Conceptualisations of multi – destination pleasure trips. Annals of Tourism Research, 1993, 20(2): 289 –301.

[37] Lumsdon, L. March. Cycle tourism in Brita. Insights, 1996, March: 27 –32.

[38]Lumsdon, Les. Transport and Tourism: Cycle Tourism – A Model for Sustainable Development?. Journal of Sustainable Tourism, 2000, 8(5): 361 –377.

[39] Martin, O. P. Rural tourism in Southern Germany. Annals of Tourism Research, 1996, 23(1): 86 –102.

[40] Masson, Sophie. & Petiot, Romain. Investing in technology for tourism activities: Perspectives and challenges. Technovation, 2009, 29(9): 611 –617.

[41]McHugh, K. E. and Mings, R. C. Canadian snowbirds in Arizona. Journal of Applied Recreation Research, 1992, 17(3): 255 –277.

[42]Muller, T. E. and O'Cass, A. Targeting the young at heart: Seeing senior vacationers the way they see themselves. Journal of Vacation Marketing, 2003, 9(4): 285 –301.

[43] Murphy, Peter E. Tourism: A community approach. New York, Methuen, 1985.

[44]Olsen, M. Keeping Track of the Self Drive Market. In: CARSON D, WALLERI, SCOTIN. Drive Tourism: Up the Wall and Around the Bend. Melbourne: Common Ground Publishing, 2002: 11 –24.

[45] Olsen, M. Tourism themed routes: A Queensland perspective. Journal of Vacation Marketing, 2003, 9(4): 331 - 341.

[46] Ory, David T. & Mokhtarian, Patricia L. Modeling the structural relationships among short - distance travel amounts, perceptions, affections, and desires. Transportation Research. Part A, Policy and Practice, 2009, 43(1): 26 - 43.

[47] Pearce, P. L. Touring for pleasure: Studies of the Self - Drive Travel Market. Tourism Recreation Research, 2001, 24(1): 35 - 42.

[48] Peeters, Paul., Gössling, Stefan. & Becken, Susanne. Innovation towards tourism sustainability: climate change and aviation. International journal of innovation and sustainable development, 2006, 1(3): 184 - 200.

[49] Pol, Peter M. J. The Economic Impact of the High - Speed Train on Urban Regions. ERSA conference papers, European Regional Science Association, 2003,

http://econpapers.repec.org/RePEc:wiw:wiwrsa:ersa03p397.

[50] Prideaux, Bruce. The role of the transport system in destination development. Tourism Management, 2000, 21(1): 53 - 63.

[51] Prideaux, Bruce., Wei, Sherrie. & Ruys, Hein. The Senior Drive Market in Australia. Journal of Vacation Marketing, 2001, 7(3): 209 - 219.

[52] Ritchie, Brent W. Bicycle tourism in the South Island of New Zealand: planning and management issues. Tourism Management, 1998, 19(6): 567 - 582.

[53] Ritchie, B. W. and Hall, C. M. Bicycle tourism and regional development: A New Zealand case study. Anatolia: An international journal of tourism and hospitality research, 1999, 10(2): 89 - 112.

[54] Rus, Ginés de. & Inglada, Vicente. Cost - benefit analysis of the

high – speed train in Spain. The Annals of Regional Science, 1997, 31(2): 175 – 188.

[55] RV Hall of Fame. Retrieved January 18, 2010 from, http://www.rvmhhalloffame.org.

[56] RVIA. The RV Consumer in 2005. Recreation Vehicle Industry Association, 2005.

[57] RVIA. Retrieved April 2, 2010 from http://www.rvia.org.

[58] Scheiner, Joachim. & Holz – Rau, Christian. Travel mode choice: affected by objective or subjective determinants?. Transportation, 2007, 34: 487 – 511.

[59] Scott, Daniel., Peeters, Paul. & Goessling, Stefan. Can tourism deliver its 'aspirational' greenhouse gas emission reduction targets?. Journal of sustainable tourism, 2010, 18(3): 393 – 408.

[60] Stewart, EJ., Tivy, A., Howell, SEL., Dawson, J. & Draper, D. Cruise Tourism and Sea Ice in Canada's Hudson Bay Region. Arctic, 2010, 63(1): 57 – 66.

[61] Ureña, José M., Menerault, Philippe. & Garmendia, Maddi. The high – speed rail challenge for big intermediate cities: A national, regional and local perspective. Cities, 2009, 26(5): 266 – 279.

[62] Yin, Ping., Jiang, Xinwei., Ma, Yichao. Research on Tourism Information Systems for Self – drive tourists. Service Operations and Logistics, and Informatics, 2008 IEEE International Conference.

[63] Weaver, David B. Model of urban tourism for small Caribbean islands. Geographical Review, 1993, 82(2): 134 – 140.

[64] Yang, Hai., Kitamura, Ryuichi., Jovanis, Paul R., Vaughn, Kenneth M. & Abdel – Aty, Mohamed A.. Exploration of route choice behav-

ior with advanced traveler information using neural network concepts. Transportation, 1993, 20: 199 – 223.

［65］David B Weaver. Model of urban tourism for small Caribbean islands. New York, Geographical Review, 1993:25.

［66］Martin O P. Rural tourism in Southern Germany. Annals of Tourism Research, 1996, 23(1):86 – 102.

［67］Ming S. Lee, Michael G. McNally. On the structure of weekly activity/travel patterns. Transportation Research Part A 37 (2003) 823 – 839.

［68］Susanne Bö hler et. Encouraging environmentally sustainable holiday travel. Transportation Research Part A 40 (2006) 652 – 670.

［69］Prideaux B, Wei S, Ruys H. The Senior Drive Market in Australia. Journal of Vacation Marketing, 2001, 7(3):209 – 219.

［70］Olsen M. Keeping Track of the Self Drive Market. In: CARSON D, WALLERI, SCOTIN. Drive Tourism: Up the Wall and Around the Bend. Melbourne: Common Ground Publishing, 2002:11 – 24.

［71］日本《観光白書》,2010—1995 年,http://www.mlit.go.jp/statistics/file000008.html,2011 年 3 月検索。

［72］鉄道旅行 http://ja.wikipedia.org/wiki,2011 年 3 月検索。

［73］ツアーバス http://ja.wikipedia.org/wiki,2011 年 3 月検索。

［74］レポセン ,http://reposen.jp/reposen.php,2011 年 3 月検索。

［75］http://www.mlit.go.jp/common/000136196.pdf,2011 年 3 月検索。

［76］http://www.jtb.co.jp/myjtb/jlabo/miru/index.asp,2011 年 3 月検索。

［77］http://web.kyoto – inet.or.jp/people/harunobu/travel/move.htm,2011 年 4 月検索。

[78] http://www.mlit.go.jp/kisha/kisha07/09/091019_2_.html,2011年4月检索。

[79] 埃里克·马德.选择与预测:如何精确预测消费行为.邹吉春译.上海:上海远东出版社,2001.

[80] 韦恩·D.霍依尔等.消费者行为学(第四版).刘伟译.北京:中国市场出版社,2008.

[81] 艾肯·L.R.态度与行为:理论、测量与研究.何清华等译.北京:中国轻工业出版社,2008.

[82] 斯沃布鲁克等.旅游消费者行为学.俞慧君等译.北京:电子工业出版社,2004.

[83] Marvin Cetron,Fred DeMicco,Owen Davies,饭店与旅游业发展趋势分析.张凌云等译.天津:南开大学出版社,2008.

[84] 罗格·卡德怀特.商业环境概论.孟领译.北京:经济管理出版社,2008.

[85] 张孝铭.休闲消费者行为.台北:华都文化事业有限公司,2~8.

[86] 赵婷婷.旅游广告"傍上"高房价.北京青年报,2010-1-13(B5).

[87] 国家旅游局.2008 中国旅游统计年鉴.北京:中国旅游出版社,2008.

[88] 国家旅游局.2009 中国旅游统计年鉴.北京:中国旅游出版社,2009.

[89] 国家旅游局政策法规司.2009 年中国旅游业统计公报.http://www.cnta.gov.cn/html/2010-10/2010-10-20-10-43-69972.html,2011-1-30.

[90] 国家旅游局.邵琪伟在2011年全国旅游工作会议上的讲话.http://www.cnta.gov.cn/html/2011-1/2011-1-21-8-58-11493_1_1_

1. html,2011-1-30.

[91]厉以宁. 我国未来的消费趋势. 教学参考,1994(2):5.

[92]阎友兵. 略论新工时制与国内旅游的发展. 社会科学家,1995(5):52.

[93]张燕,张洪. 短途旅游中心的引力范围研究——以南京市为例. 人文地理,2001,16(3):90~91;93.

[94]热娜古丽·夏克热,曹燕. 新疆短途旅游研究. 宜春学院学报,2008,30(12):151;153.

[95]肖雪,何忠诚. 大连市短途旅游的特点、现状及发展对策. 产业与科技论坛,2008,7(4):79-80.

[96]戴斌,夏少颜. 论我国大众旅游发展阶段的运行特征与政策取向. 旅游学刊,2009,24(12):13-16.

[97]王琪延,龚江辉. 新休假制度对北京居民旅游活动影响的实证分析. 旅游学刊,2009,24(9):43,46.

[98]厉新建. 换个角度看假期制度与旅游. 旅游学刊,2009,24(10):6~7.

[99]赵静. CPI高速增长对中国旅游业的影响. 中外企业家,2008(5):97~98.

[100]清华大学假日制度改革课题组. 消除黄金周幻觉,立足旅游业可持续发展. 旅游学刊,2009,24(12):7~8.

[101]楼嘉军,徐爱萍. 基于新休假制度的上海居民出游方式及特点研究. 旅游科学,2008,22(4):82.

[102]周爱全、张建利. 新休假制度对旅游业的影响分析. 黑龙江经济报,2008-6-18(5).

[103]张千红. 论新休假制度给旅游业带来的影响. 市场周刊-理论研究,2008(5)98~99.

[104]刘思敏.黄金周能否被替代.旅游学刊,2008,(6):6~7.

[105]毛立军."小长假"取代"黄金周"推动假日制度改革.人民政协报,2008-6-16(B01).

[106]谢新丽.中国假日旅游发展困境及对策研究——兼论中国休假制度改革.北京:华中师范大学,2008.

[107]全国假日办.2009年国庆节中秋节假日旅游统计报告.中国新闻网,2009-10-10.

[108]赖斌,杜通平,黄萍.从旅行社的视角看自驾车游产品化.企业经济,2006,(3):93.

[109]唐林洪.自驾车旅游喜中有忧.新华网广西频道,2003-10-14. http://www.gx.xinhuanet.com/news/2003-10/14/content_1063854.htm

[110]乐盈,蒋炯坪.国内汽车旅馆的现状及发展趋势分析,2004,5:3.

[111]黄明亮,赵利民.旅行社经营管理.北京:中国人民大学出版社,2006.

[112]李琬琼,罗明春.旅行社自驾车产品开发研究.考试周刊,2007,(5):114.

[113]吴娲.论我国自驾车旅游市场开发管理的问题与对策.技术与市场,2007,(3):81.

[114]龚甫林.4S店:有待整改的汽车后市场——宁波市汽车4S店调研分析.汽车维护与修理,2005,(1):50.

[115]翟向坤.中国发展自驾车旅游的战略思考.北京第二外国语学院学报,2003,(5):55.

[116]陈正伟.自驾车旅游调查方法初探.重庆工商大学学报(自然科学版),2006,(4):197~198.

[117]人民网.西域探险——"新疆自驾车七日游"2003-07-04. ht-

tp://travel.tom.com。

[118]吴新宇,许凌. 短途自驾车休闲旅游市场研究——以苏州为个案分析. 现代休闲方式与旅游发展. 北京:中国旅游出版社,2007.

[119]陈锡平,蒋孝美. 自行车活动爱好者深度休闲特质之研究. 张孝铭. 运动休闲产业管理学术研讨会论文集 2008 年第 2 期. 台北县中和市:新文京开发出版股份有限公司,2008:260~273.

[120]钱春弦. 2009 年我国出境旅游人数 4766 万人次 http://cd.qq.com.htm。

[121]王诺. 邮轮经济–邮轮管理·邮轮经济·邮轮产业. 北京:化学工业出版社,2008.

[122]潘勤奋. 国际邮轮经济发展模式及对我国的启示. 科技和产业,2007,7(10):13~24.

[123]詹伟芳. 国外游轮旅游发展研究. 海洋开发与管理,2008,12:118~123.

[124]魏小安. 中国邮轮经济的现状分析和发展趋势. 中国旅游报,2004–8–4.

[125]黎章春,丁爽赖,赖昌贵. 我国邮轮旅游发展的可行性分析及对策. 特区经济,2007,9:175~177.

[126]刘住. 旅游学学科体系框架与前沿领域. 北京:中国旅游出版社,2008.

[127]杨敏,陈娟. 中国邮轮旅游市场开发问题及对策探讨. 现代商贸工业,2009,4:96~97.

[128]杨光,顾力. 发展邮轮经济仍需冷思考. 中国交通报,2006–11–28(B03).

[129]刘黎. 领导科学概论. 成都:西南交通大学出版社,2003.

[130]张健,张超慧. 我国发展自行车旅游的意义. 现代商业,2008

(8):196.

[131]饶华清.澳大利亚徒步旅游线路特点及其启示.牡丹江大学学报,2010(2):40~42.

[132]肖胜和.基于需求层次理论的徒步旅游动机和体验效应分析.地理与地理信息科学,2010(5):95~98.

[133]黄向.徒步旅游国内外发展特点比较研究.世界地理研究,2005(9):72~79.

[134]陈红梅.乌鲁木齐徒步旅游发展研究.新疆师范大学,2010:30~36.

[135]王诗俊.对我国户外运动市场的研究. 2011-8-26.

http://tykx.cast.org.cn/n11379009/n11379053/11435972.html.

[136]郝小斐.公共交通系统对柏林城市旅游发展的作用. 2011-8-28.

http://www.davost.com/Intelligence/Theory/2011/02/22/10181211876.html。

[137]颜菁.蒋勋四讲.北京青年报,2010-11-18(C2).

后 记

"天地有大美而不言,四时有明法而不议,万物有成理而不说。"由天地之大美的吸引而产生旅游活动,并始于出行;于是旅游六大要素之一"行"的花费,在旅游总花费中占有最大比重;同时,"行"的载体——交通工具会影响、改变人们的旅游出行方式。当团队观光旅游越来越难以满足需要时,人们首先尝试在旅游出行方式上的改变,即追求自主化、个性化、多元化的旅游出行方式。这些都足以说明"行"在旅游六大要素中的重要地位。因此,要将旅游业培育成为人民群众更加满意的现代服务业,不了解旅游者的需求,使其满意就是空谈。所以,本研究不单纯关注旅游交通,而是更加关注旅游者如何出行、出行体验、出行中的需求等,即关注旅游者与交通的关系、旅游者在交通中的行为特征。

从 2005 年起我们陆续承担了一些相关课题的研究工作,支持着这项研究持续至今。现在此书出版了,无论是关于旅游出行方式的主题,还是关于行为科学视角的应用研究,这里呈现的都是初步的、探索性的、抛砖引玉式的研究成果,我们的研究还会继续。

本书的写作过程艰苦而困难重重,多亏了那么多的领导、同事、编辑、师长、学生、朋友和家人的鼓励、支持以及他们无私和实实在在的帮助,这本《旅游出行方式研究——消费行为视角》才得以诞生。

感谢我的三位合作者——邢雪艳老师(承担第三章的著述)、吴泰岳老师(承担第二章的著述)和时少华老师(承担第五章的著述),没有他们的及时加入与通力合作,就没有这本书;同时,也借此机会感谢他们一直以来对我工作的支持和帮助；对他们这三位才华横溢又年轻、肯干、能干的博士来说，排名不分先后、也难分先后。

感谢黄先开校长，感谢他的宽容和理解；更欣赏他对事业的执著，并受益于短短两年来他带给旅游学院的充满管理学智慧的、具有经典案例意义的巨变。

感谢曹长兴书记为我院教学及科研工作开展而营造的和谐、进取的大环境。

感谢旅游学院副院长张凌云教授，在他工作十分紧张与繁重的情况下，为我们的拙作写序。不仅他的学识、成就令我仰慕，他严谨的治学态度和勤奋的工作作风同样令我感动，并成为我学习的榜样。

感谢宁泽群教授，近十年来我得益于他的引领，他对我的影响和帮助，无论是教学还是科研方面，都至深至远。

感谢多年来陆续参与我研究工作的各届学生们！

最后，也是最应该感谢的是您——本书的读者，并真诚地期待着来自于您的反馈(lytlixiang@buu.edu.cn)。

此外，还需特别说明两点：其一，本书《城市环线观光车旅游出行方式研究》一章是在一个较大团队项目中，我本人所负责撰写的那部分内容基础之上修改而成，在此，也向当时团队的同人致敬。其二，本书共插入10张图片，部分是由我本人拍摄，其余均为我先生代为拍摄，对于先生、儿子等全家人所给予的一切，我心存感激……

李享

2011年于国庆日的北京